LITERATURA CLÁSICA PARA FLIPARTE EN LAS CENAS

AEDOS MODERNOS
(2025)

la Rueca editorial

© Universidad de Alcalá
© Editorial la Rueca
www.editoriallarueca.com

Primera edición: octubre 2025

ISBN: 979-13-87525-50-7
Depósito Legal: M-20770-2025

Impreso en Madrid - España - UNIÓN EUROPEA

A Marina, por salvarnos la vida

ÍNDICE

Aedos Modernos

son

Sofía Blázquez
Cristina Chain
Anaïs Chapron
Juan Dura
María del Pilar Idiáquez
Jorge López Moreno
Paula López-Díaz Pavón
Sabina Luque Cosa
Noelia De Matos Cano
Soraya Rubio
Helen Pacheco
Daniel di Primo
Nerea Rayo

María del Val Georgiana Rusu
Diego Sánchez-Horneros
Teresa Trinidad
Aitana Gil
Elisa López Canalejo

bajo la coordinación de
Marina Solís de Ovando Donoso

INTRODUCCIÓN

Excusatio non petita...

¡ATENCIÓN! Este no es un libro normal. No lo es en ninguno de los sentidos en los que se pueda entender ese adjetivo aplicado a un libro. Porque no cumple con ninguno de los rasgos que la mayoría de los mortales podrían esperar de un libro con las características que, en principio, promete. Por ejemplo, este libro es una antología (una selección de textos comentada). Es además un libro colectivo (firmado por un amplio conjunto de autores y autoras). Es un libro nacido de y en el ámbito universitario, más concretamente en el contexto de un aula universitaria, por lo que parece justo considerarlo un libro académico. Y como último gran rasgo, es un libro sobre literatura clásica (griega y latina).

¿Cómo son *normalmente* los libros con estas características? Más allá de particularidades e idiosincrasias, lo habitual es, por ejemplo, que una antología de textos clásicos responda a un criterio de indiscutible autoridad estética o didáctica. Se considera que los textos o fragmentos escogidos son los mejores dentro de su especie, los imprescindibles dentro del canon intelectual, los que no pueden faltar en ninguna antología de este tipo (porque su ausencia supondría casi una ofensa hacia su relevancia histórica y literaria, además de una demostración terrible de ignorancia por parte del antólogo, que nunca podrá disculparse lo suficiente por haber olvidado incluir estos títulos).

Por otro lado, los libros académicos revisten un estilo siempre muy formal y muy serio, tanto en su lenguaje como en su estructura textual y planteamiento. Todo lo que se dice en un libro académico acostumbra a estar sólida e incluso abrumadoramente respaldado con bibliografía técnica y científica, con muchísimas notas al pie de página y respetando sistemas universalizados de citación (muy complejos). Y en concreto, los libros académicos que tratan sobre la literatura clásica se refieren a ella con un respeto reverencial rayano en el temor divino, entendiéndola siempre como maestra vital y surtidor infinito de ejemplos positivos en todos los aspectos. Por último y por supuesto: en el entorno universitario un libro colectivo se firma de una manera concreta, disciplinada y ordenada, en la que los nombres individuales pesan más que el conjunto (de tal suerte que la publicación afecta de mejor y más competitiva manera al CV de cada autor y autora) y el coordinador o editor de todas las contribuciones tiene un poder mayor (a cambio también de una mayor responsabilidad) sobre el resultado final y las decisiones importantes que haya que tomar antes de que la edición por fin dé sus frutos.

Bien, nada de eso ha pasado aquí. Los quince capítulos que esperan a la vuelta de estas breves páginas introductorias incluyen textos cuya selección obedece únicamente al criterio de conexión personal entre la(s) persona(s) que firma(n) el capítulo y el texto escogido. Aquí solo hay textos griegos y latinos que han conmovido a alguien lo bastante como para querer decir alguna cosa o varias sobre ellos. En consecuencia, no solo hay aquí dentro algunos textos y autores muy poco atendidos en la historia de la educación literaria clásica (alguno de ellos repetido en diferentes capítulos); es que hay ausencias que para muchos podrían parecer imperdonables y ni siquiera hemos tenido la decencia de hacerles una mención general por puro compromiso.

Ninguno de los capítulos está, por otra parte, escrito con un lenguaje depurado para lograr su apariencia 100% académica, pero tampoco es un libro unificado en cuanto al tono, el estilo o el formato. Conviven aquí la seriedad y el humor, las referencias académicas de gran calado y los vínculos con la cultura de masas (cine, televisión, redes sociales, teatro más o menos conocido, poesía, literatura popular, cómic, videojuego), las notas al pie de página y la voluntad más divulgativa posible. La bibliografía utilizada abarca todas las categorías imaginables en las que un conocimiento puede ser referencia o sustento para otro. Lejos está este volumen de incluir títulos, autores, años y editoriales de forma sistematizada (hay veces que sí, hay veces que no). Y como se puede observar en la cubierta, este libro está firmado por un nombre colectivo que incluye a todos los autores en una única identidad superior, misteriosa pero firme. Los capítulos los asume cada responsable del mismo; pero todos los autores se ven apelados y reconocidos en el nombre del clan, *Aedos Modernos*.

Así que, querida lectora o lector, lamentamos frustrar tu horizonte de expectativas de tan brusco modo. Pero te lo hemos dicho nada más empezar: *Literatura Clásica para Fliparte en las Cenas* no es un libro normal. Y, como no nos sentimos culpables, vamos a contarte cómo pasó esto y cómo el libro que a pesar de todo tienes entre las manos llegó a ser el que es.

"Diez años que son mil": ¿la literatura (clásica) es sexy?

Literatura Clásica para Fliparte en las Cenas surgió como proyecto durante el desarrollo de la asignatura 'Literatura y Pensamiento Clásico', optativa del Grado en Humanidades de la Universidad de Alcalá. Esto significa, en esencia, que este libro fue pensado, construido y firmado por un conjunto de personas que se pasaron el invierno y la primavera de 2025 leyendo literatura clásica… y disfrutándola muchísimo. Aquella clase estaba formada por diecisiete estudiantes y una profesora (quien firma estas líneas).

El debate sobre cómo explicar literatura en la universidad es intenso sobre todo en lo que se refiere a cómo dirigirse a quien no conoce los contenidos previamente. Es común considerar, por un lado, que toda materia universitaria se debe relatar con un grado muy elevado de seriedad incompatible con la fórmula divulgativa, en la que se explica todo en un "idioma terrenal" que pueda entender el ciudadano de a pie y que, se piensa con frecuencia desde las profundidades de la Academia, implica por desgracia simplificar en exceso el mensaje.

Cabría señalar además que este debate afecta *muuuucho* al planeta filológico en general y a la literatura antigua en particular, famosa por considerarse de una calidad extraordinaria pero de una naturaleza muy inaccesible. No dejan de ser textos escritos hace más de dos mil años, envueltos en una cultura alejadísima de la nuestra, una cultura que rompe bastantes de nuestros esquemas más simples, entre otras cosas, por ser precristiana y por haberse desarrollado en dos lenguas (el griego antiguo y el latín) que ya no se emplean. No se conserva todo lo que se sabe que se produjo; gran parte de la producción conservada, por lo que sabemos, se elaboró de manera oral –es decir, no estaba pensada para ponerse por escrito ni para leerse– y ninguna de estas dos culturas, ni la griega ni la romana, tenía el concepto diferenciador y sumamente rígido que nosotros tenemos de lo que es un género literario.

Así que, en efecto, parece evidente que no es una literatura sencilla, que explicarla siempre va a requerir de un trabajo denso y complicado, que el estudiante que pretenda entenderla necesitará hacer un enorme esfuerzo para comprender cuestiones más profundas de las que habitualmente debe enfrentar. Y, encima, existe como problema añadido la fama que se han granjeado, con mayor o menor nivel de merecimiento, los cursos de literatura en las aulas secundarias y universitarias. Asignaturas tediosas, llenas de datos que es preciso memorizar muchas veces sin contexto, nombres de señores y nombres de obras que no le dicen nada a nadie y que no guardan ninguna relación con la vida propia, exámenes eternos, *mucho texto*.

Y sin embargo, pensaba yo mientras acumulaba papeles, subrayaba títulos y conceptos y, sobre todo, pasaba páginas de libros en los momentos de preparación de la asignatura, algo le pasa a esta literatura que se impone sobre todos los obstáculos. Tiene una suerte de secreto en sus entrañas. ¿Cuál es ese secreto? Ojo que la respuesta puede parecer demasiado simple: la literatura antigua es muy atractiva. En parte porque en su gran mayoría es muy buena; pero no solo es una cuestión de calidad. Es que es sumamente variada y la escribieron (ya sobre papel o sobre el aire, confiando en la transmisión interpersonal para su preservación) personas que todavía no tenían a su espalda el aluvión de acontecimientos y vaivenes sociopolíticos que nosotros arrastramos. Es una literatura muy espontánea y muy humana, resultado de unas civilizaciones que descubrieron hasta qué punto el ser humano se puede preocupar por cuanto le rodea y puede ser mejor (más feliz, más libre) si convierte esa inquietud en literatura.

No cabe duda de que está escrita en unos códigos diferentes de los que emplea casi toda la literatura posterior. El código de la literatura clásica es un código simbólico donde la metáfora es la protagonista de casi todas las escenas, es un lenguaje juguetón y poético también cuando es prosa, un universo semántico cargado de sentimentalidad. Es un mundo en el que un hombre se va a la guerra porque así se lo impone el sistema en que vive y tarda diez años en sobrevivir a esa guerra, y otros diez en volver a su casa; diez años, que son mil. Diez años que significan una eternidad, la infinitud que parece representar el tiempo que dura algo tan espantoso como un conflicto bélico o un viaje de regreso a la paz del hogar y el espacio conocido. Es una literatura exagerada, auténtica, desgarrada y tierna, a la vez que, con mucha frecuencia, muy divertida.

No sé si se nota, pero a mí me encanta esto. "Me encanta" pensaba con la cuarta taza de café, mirando mis libros. "Sí, esta literatura es distinta. Se podría incluso decir que es rara. Pero es genial. Así que no puede ser tan difícil".

"Tenemos el nombre perfecto para un bar": quiénes son los Aedos Modernos

En cuanto empezó el segundo cuatrimestre del curso 2024-5 y se oyó el pistoletazo de salida para iniciar la andadura de un nuevo curso de Literatura y Pensamiento Clásico, decidí hacer como si todas esas dificultades que podía plantear el reto de enseñar literatura clásica simplemente no existieran. Y la respuesta al experimento fue aplastante: nadie más veía esas dificultades.

En ese curso pasó *todo* lo que supuestamente no puede pasar cuando enseñas literatura grecolatina. No hubo asfixia. Los estudiantes leyeron mucho más por su cuenta de lo que yo pedí que leyesen. El repertorio de autores y obras se vio rápidamente incrementado por la voluntad de un alumnado deseoso de conocer más referencias. Las preguntas inundaban cualquier explicación; todas las grandes problemáticas aparecían en la discusión de clase mucho antes de que a mí me diera tiempo a mencionar la bibliografía pertinente donde aquellas problemáticas ya se habían desarrollado. Los debates sobrepasaban la hora límite en casi todas las sesiones previstas para este tipo de actividad. Y me atrevo a afirmar que el ambiente que se respiraba era de todo menos aburrido.

Es posible que muchos lectores (más aún si alguno de los que nos encuentra se dedica a la docencia) esté pensando en este momento que, con toda probabilidad, un milagro como este no se habría producido con un grupo cualquiera… y que casi siempre que se cuentan estas historias fantásticas existe una suerte de lado oscuro, algo así como un precio a pagar por lograr algo tan bueno. Y tiene razón al pensarlo. En este caso estaba claro: el precio fue el caos. El grupo que conformaba la asignatura —compuesto, en su mayoría, por personas a las que yo ya conocía por haberles dado clase en cursos anteriores, lo cual supone una vida entera de ventaja en términos de alianza académica, a quienes se sumaban estudiantes internacionales, alumnos que asistían en calidad de oyentes y también fantásticos nuevos fichajes— arrasó con el noventa por ciento de la planificación docente desde el primer día. Cada sesión se volvió impredecible, se desintegró la supuesta santidad del cronograma (imposible de respetar o de tomar como brújula ante la incontenible energía del equipo humano).

Estas personas hicieron esta literatura tan suya que pasaron a tomarse cada línea que leían y compartían como algo personal. La aventura lectora se volvió cada vez más creativa, las conexiones con el presente cotidiano eran cada vez más apasionadas. Para colmo, parecía que, según avanzaba el curso, la literatura clásica funcionaba como un poderoso elemento de cohesión entre todos los integrantes de aquel grupo (que, dicho sea de paso, nunca tuvo especiales problemas de cohesión porque siempre se llevaron maravillosamente bien). Se desarrolló un fuerte metalenguaje, se recordaban las citas de compañeros de clases anteriores, algunas de ellas hasta establecerse como auténticos *mantras* (o memes según se quisiera entender): desde neologismos grecoespañoles para referirse a motivos homéricos de formas del todo originales hasta declaraciones sorprendentes, como aquel "Tenemos el nombre perfecto para un bar" que hacía referencia a El Amigo de Eneas, Palante, cuyo nombre hacía gracia por razones inevitables y que de repente pareció una seña fantástica para denominar un posible negocio de hostelería nocturna. Y todo lo que brotaba del fragor de los fogones en nuestra cocina literaria se consideraba automáticamente una pertenencia cultural del grupo en su totalidad.

Fue en medio de esa vorágine en donde surgió la idea descabellada de escribir un libro juntos, idea que casi se podría entender como resultado de un impulso coleccionista propio del cazador de tesoros. Daba rabia pensar que todos esos mensajes y momentos geniales se iban a perder en el inmenso abismo del calendario escolar y la sucesión de los cuatrimestres. Así se generó la propuesta de retener algunas de esas reflexiones, algunas de esas lecturas de la literatura clásica, en un volumen colectivo.

Pero claro, para lograr ese ambicioso propósito no se podía ignorar la particular condición que había llevado a ese grupo a ser lo que era. No tenía sentido poner límites a la hora de seleccionar autores o textos (sobre todo porque estas gentes no se conformaban ni muchísimo menos con lo ofrecido en el temario cuatrimestral), ni tenía tampoco sentido exigir que la lectura estuviese guiada por un contraste bibliográfico sistemático y ordenado (que limitase necesariamente la proliferación de locuras personales) o pedirles a los autores y autoras que cribasen, dentro de su paisaje mental, aquellas ideas más aceptables para el mundo académico y desechasen las demás. Era preciso dejar a la maravillosa criatura que había tomado forma durante el cuatrimestre ser exactamente lo que era, cuanto más libre mejor y cuanto más desatada en el proceso de expresión propia, mejor aún. Y nos constituimos como grupo de trabajo compacto, encargado de entender la misión de escribir un libro como una aventura conjunta. El grupo en pleno decidió todas las cosas importantes: la división y reparto de los capítulos, el título del volumen, el encargo de la ilustración de cubierta; y, por supuesto, el nombre épico con que se identificaban y firmarían el libro, *Aedos Modernos*.

En suma, *Literatura Clásica para Fliparte en las Cenas* es un libro sobre literatura clásica donde cada uno ha hecho lo que le ha dado la real gana. Es un libro, sí; pero al igual que su historia, su creación y, si me lo permiten, sus creadoras y creadores, es caos.

"Veo tu barbaridad y la subo": lo que no te atreves a decir en clase

He aquí una verdad incómoda: los clásicos no son intocables. No son intachables. Ni siquiera tienen que ser *buenos* solo por ser clásicos. Es verdad que tienen lo que podríamos llamar una carta de recomendación bastante potente. Han sobrevivido al paso de milenios, lo que quiere decir que han pasado el filtro de muchas, muchas lecturas, de muchos cambios en la cultura y en el mundo. Pero la verdad es que ese aval no es sinónimo de garantía. Hay obras que sabemos que se conservaron y encumbraron más con objeto de ensalzar al autor que de proteger su producción por considerarla objetivamente valiosa; es algo muy común cuando la profesión del autor coincide con el oficio militar o político, cuando el escritor era antes general o cónsul que hacedor de versos o narrador. No es ninguna estupidez ni prueba de fuerte ignorancia opinar que lo que escribieron estas personas, muchas veces llevadas en su misión por una desmedida autoestima o la intención de crear un estructurado programa propagandístico, carezca del nivel literario de un premio Nobel. E incluso reconociendo una calidad literaria objetiva o, al menos, respetable, es posible discrepar de modo claro y rotundo de los mensajes que albergan muchos de los textos escritos por griegos y romanos. Ni siquiera el contexto histórico y las famosas "circunstancias propias de cada época" salvan cualquier discurso. Al menos, no tienen por qué salvarlo. Vamos, que los clásicos serán clásicos: pero es posible estar en profundo desacuerdo con ellos.

Pero, como he dicho antes, esto es una verdad incómoda. No es fácil aceptar que, en el sentido estricto, esta es una literatura como otra cualquiera, que puede gustarte más o menos y con la que, si lees como hay que leer en la vida (esto es, con pasión, con arrojo, con el corazón puesto encima de la página), puedes indignarte y llegar a pelearte. Y no suele estar tampoco bien visto comentar ningún ejemplo de esta literatura sin tratarla con majestuosidad y sin entender que solo ha de servir para conversar sobre las más majestuosas temáticas que rodean a nuestra especie. Como muchísimo está permitido lanzar algún comentario, siempre tímido y modesto, acerca de nuestras diferencias inmensas con un tiempo tan lejano y la existencia evidente de propuestas o planteamientos que entonces eran inofensivas y para nuestros días serían intolerables. Pero sin pasarse: porque pasarse con los clásicos no se hace. Es una barbaridad.

Sin embargo, una de las mayores ventajas de leer en un contexto caótico es que el protocolo se evapora. Estos miramientos no existían en las sesiones de literatura con los Aedos Modernos: vía libre para las barbaridades. En aquellas sesiones se hablaba de si era legítimo "juzgar" o no a Eneas por su actitud con Dido como amante o su exhibición de rabia arbitraria en la conclusión de la *Eneida*. Discutimos y reescribimos a Semónides de Amorgos en su famoso yambo de las mujeres (ejemplo paradigmático de misoginia literaria). Todo el mundo se posicionó acerca del tipo de relación que unía, en los poemas homéricos, a Aquiles y a Patroclo, sin que a nadie le importase que su visión fuera incompatible con la de otros. Y en una ocasión escuché hablar de cierto poeta romano, reconocido como piedra casi fundacional de los románticos occidentales, como "un *incel* de manual", "un niñato como mínimo" y más tarde hacerse, sobre esto, la apreciación de que "si se ha conservado, es que gustaba; así que quizás fuera el mejor de los niñatos" (para culminar con la gloriosa sentencia: "hemos hecho famosa a gente peor").

La última es una buena anécdota para ilustrar cuán poco justificado está realmente ese terror que percibo muchas veces en estudiosos más apegados a la tradición a que las lecturas más desenfadadas supongan una condena absoluta a los textos e incluso al estudio de la materia. El hecho de que tengamos una generación a menudo más crítica con los presupuestos de la Antigüedad o con una tradición que nosotros no nos cuestionábamos no quiere decir que este mundo no les interese o que renieguen de la lectura *per se*. La discrepancia no es por fuerza cancelación de nada. Y de hecho, diría que esta actitud más ácida y desconfiada les otorga el superpoder de leer con una mirada más abierta y aprovechar a los clásicos para abordar las que son ahora sus preocupaciones y quizá debieran también ser las de todos y todas: las dudas sobre las identidades o la pertenencia emocional, el planeta y los seres vivos que lo pueblan, la salud mental, el género, el sexo y toda esa complicación que tanto miedo le da a tanta gente, la velocidad vertiginosa a la que el mundo moderno intenta devorarnos a base de pantallas, el consumismo, la opresión, la convivencia con la muerte, el miedo al vacío, la necesidad de trascendencia… (ah, espera: que en el fondo son las mismas preocupaciones que teníamos y que tenían; son siempre las mismas).

Accusatio Manifesta

Así que ya ves, querida lectora o lector: te lo advertimos y era cierto. Este no es un libro normal. Es un libro colectivo universitario entendido como un lugar donde dieciocho personas universitarias (tras la adición de algún espontáneo autor aparecido por llamado expreso a la aventura) han volcado reflexiones, reescrituras y locuras del más diverso pelaje en torno a textos de la literatura clásica que han escogido por puro arrebato, en el tono que se ha querido y sin búsqueda alguna de coherencia con el de al lado ni muchísimo menos con la Academia, sin afán de destacarse por encima de los compañeros sino de formar parte de algo más grande y bello, sin pudor respecto a lo que se supone que se debería decir y lo que no sobre los clásicos debido a su venerable condición, sin ponerle barrera alguna a la intensidad extrema ni tampoco al sentido del humor más retorcido del mundo. Es una antología de quince capítulos en donde la *Odisea* protagoniza tres y la *Ilíada* ninguno; encontrarás aquí rarezas de Luciano de

Samósata o de Plutarco mientras el *Banquete* de Platón brilla por su ausencia. Ahí hallarás la *Medea* y la *Antígona*, la oda a Leucónoe de Horacio y los fragmentos más repetidos de Safo; pero te llenarás de estupefacción al comprobar que estos textos dan para hablar de más asuntos que la psicología de los personajes en la tragedia o la lírica de banquete, como la reivindicación del personaje secundario de Ismene en la obra de Sófocles o la asombrosa conexión que puede seguir teniendo un lema tan banalizado como *carpe diem* con un tiempo como el nuestro.

Es un libro sobre literatura clásica hecho por personas que se lo han pasado en grande leyendo literatura clásica y hablando sobre literatura clásica. Un libro donde el disfrute se impuso sobre la evaluación; donde la cooperación ha podido con la competitividad y la necesidad imperiosa de hablar de muchas cosas, a ser posible de todas a la vez, ha aplastado a la norma bibliográfica y a los rígidos mandatos de estilo que tanto ha protegido la Academia.

Es un libro sobre literatura hecho desde el amor por la literatura y la comprensión de esta última como algo tan propio como los sentimientos, los principios, los recuerdos… o las conversaciones con los amigos. Esas que puedes tener alrededor de un buen café, una cervecita helada o, en el mejor de los casos, una cena larga y sin toque de queda. Esas charlas en las que, si tienes suerte, te gusta leer y, además, te juntas con gente a la que también le guste, puedes hablar de literatura. Si te gusta mucho, puedes incluso hablar *mucho* de literatura. Puedes fliparte. Pero puedes hacerlo sin ese paño de oro que es tantas veces más limitante que interesante. Sin pompa y boato: porque hablar de literatura es hablar de libros.

Eso es *Literatura Clásica para Fliparte en las Cenas.* Un libro hecho por gente que lee libros y habla de libros. Libros clásicos.

Por eso no es un libro normal. Pero hablar de libros es algo tan increíble y divertido, que como también te hemos dicho al principio, no nos sentimos culpables. Al menos, la que firma este prefacio no siente culpa ninguna. En buena medida porque tanto el proceso como el resultado le ha hecho muy feliz. Y en parte también porque sabe que, aunque quizá no se atreva a decirlo, cualquier docente en su posición, consciente del privilegio… habría hecho lo mismo.

Marina Solís de Ovando

(junio 2025)

UN PASEO CON TELÉMACO

Jorge López Moreno

Elevábase el sol, tras surgir de la hermosa laguna,
por el cielo broncíneo, llevando la luz a los dioses
y a los hombres mortales que pisan la tierra fecunda.
Arribaron a Pilo, la sólida villa de Neles,
donde a orillas del mar inmolando se hallaban los pilios
negros toros al dios peliazul que sacude la tierra.
Nueve grupos había, quinientos varones por grupo,
y delante de sí cada grupo tenía nueve toros;
las entrañas estaban comidas, quemaban los muslos
para el dios, cuando aquéllos llegaron. Plegada la vela,
atracaron la nave y saltaron a tierra las hombres.
Ya dejaba Telémaco el barco detrás de Atenea
y, rompiendo el silencio, le dijo la diosa ojizarca:
«Desde ahora, Telémaco, en nada conviene te muestres
vergonzoso: has cruzado la mar por saber de tu padre

e inquirir en qué tierras se halla, cuál fue su destino.
Marcha, pues, decidido al encuentro de Néstor, el rey
domador de caballos; veremos qué traza o consejo
guarda él en su alma, mas ínstale a hablar sin rebozo,
que no habrá de mentirte, pues es sobremodo sensato».
El discreto Telémaco entonces le dijo en respuesta:
«¿Cómo habré de abordarle, Mentor? ¿Cuál será mi saludo?
Pues no sé de ingeniosas razones y siempre a los mozos
da vergüenza el venir con preguntas a un hombre provecto»
A su vez contestóle la diosa ojizarca Atenea:
«Por ti mismo, Telémaco, en parte hallarás las palabras
y algún dios, además, te vendrá a dar ayuda; no creo
que nacieras ni que hayas medrado malquisto del cielo».
Tal diciéndole Palas Atena, marchó por delante
con presteza; él siguió tras las huellas divinas y fueron
al lugar donde estaban los pilios en junta: sentado
con sus hijos se hallaba allí Néstor…

Odisea,
III. 1-16

Tenemos ante nosotros el inicio del canto III de la *Odisea*. Está encuadrado en la "Telemaquia" (del canto I al canto IV), una parte clave de la obra. Este episodio es fundamental en lo personal para Telémaco, el hijo de Odiseo, ya que nos enseña el paso de la adolescencia a la madurez y cómo no solo busca a su padre sino también una identidad propia. El fragmento seleccionado describe la llegada de Telémaco a Pilos, donde visita a Néstor con el fin de saber que le ha pasado a su padre en su regreso a Ítaca tras la Guerra de Troya.

Me acuerdo de cuando leí la obra de Homero por primera vez y recuerdo que me encantó. Una historia épica acerca de la guerra, de ser abrazado por mujeres mientras luchaba contra todo aquello que se encontraba en el mar. Todo ello para volver a su casa, luchar contra todos esos que quisieron cambiarla y reencontrarse con su esposa e hijo, volviendo a reinar en su patria. Esta obra me pareció el reflejo del hombre que se niega a caer, que lucha contra todo y contra todos porque sabe que la vida no se basa en ganar, sino en no parar de intentarlo.

Decía Yorgos Seferis que "la memoria, dondequiera que la toques, duele" ("Diario de cubierta, vol. 3"); y yo creo que es en la memoria donde debemos tener nuestro hogar. Así lo reflejaba Kavafis, quien escribió: "Ten siempre a Ítaca en tu memoria". Y me gusta pensar que Odiseo siempre pensaba en Ítaca, en Penélope y en Telémaco.

El texto empieza con un amanecer, el símbolo universal de los nuevos comienzos y que va mucho más allá de Eos y Helios.

Siempre he creído que los días no empiezan con el simple hecho de un alba que sale por esa línea que une el cielo con la tierra y mucho menos con el abrir de los ojos, sino con la promesa de un horizonte distinto; de que, al igual que nace un nuevo día, también nacemos nosotros. Así lo debió de sentir el príncipe de Ítaca cuando llegó a las costas de Pilos viendo los rayos del sol reflejados en las aguas. ¿Acaso alguno de nosotros no ha sido alguna vez Telémaco, enfrentando el alba con la esperanza temblorosa de que hoy, por fin, el mundo nos revelará algo de lo que anhelamos saber sobre nuestro propio destino o sobre el de todos aquellos que nos rodean? Nosotros no estamos acompañados por

Atenea, pero no dudo de que tenemos la misma necesidad que tiene Telémaco de querer avanzar, de querer encontrar nuestro lugar en el mundo y de buscar respuestas ante todas las incertidumbres que se nos presentan.

Según Recalcati, "todos hemos sido Telémaco. Todos hemos mirado el mar —al menos alguna vez— esperando que algo regresara de allí" (*El complejo de Telémaco: Padres e hijos después del ocaso del progenitor,* p. 19). Tal vez hemos esperado algo, a alguien e incluso a nosotros mismos.

Telémaco desembarca en unas tierras desconocidas tras cruzar un vasto mar que lo separa de aquel sitio que podría llamar hogar antes de que su padre se marchase y que ahora deberá redefinir, al igual que se está redefiniendo a sí mismo (pasando de ser un adolescente a un hombre adulto). Y es que quizá por eso todos somos un poco Telémaco cuando nos atrevemos a cruzar nuestro propio mar, cuando dejamos atrás lo seguro para buscar, entre las olas y los vientos, la respuesta a la pregunta que surge mucho antes de que las Moiras hilen el destino: ¿quién soy yo, lejos de todo lo que me es familiar y conocido? El espejo del cielo no es solo (como si ya de por sí fuera poco) algo físico; para Telémaco es mucho más, es descubrirse. Telémaco no es la misma persona que partió desde Ítaca, el mar lo ha cambiado por completo. Así se refleja en las palabras de Atenea:

> «*Desde ahora, Telémaco, en nada conviene te muestres vergonzoso: has cruzado la mar por saber de tu padre e inquirir en qué tierras se halla, cuál fue su destino.*»

Y sería aquí donde Telémaco se daría cuenta de que la búsqueda de su padre es, en realidad, la búsqueda de sí mismo. Es la búsqueda del héroe. Es un acto de valentía, de desafío, como una herencia y legado de su padre. Un acto de espíritu indomable que lucha contra todos los monstruos, aquellos que asaltan su hogar y los monstruos internos.

La "Telemaquia" es coraje, determinación y una especie de certeza de que cruzar el mar enfrentando su inmensidad hará que descubra quién es realmente.

Me hubiera encantado hablar con Telémaco, el brote del laurel de Laertes, acerca de lo que sintió al escuchar a Néstor hablar sobre las hazañas de los grandes héroes que fueron a Troya y que compartieron batalla con su padre; apoyarle en el dolor que debió de sentir cuando el sabio rey de Pilos habló sobre el fin de aquello que dura diez años pero que, de verdad, eran mil y cómo muchos héroes volvieron, otros murieron cubiertos de gloria y otros tantos, al menos, fueron llorados, pero ninguno de ellos es el rey de Ítaca. Al final, somos de acercarnos a otros en busca de historias que nos ayuden a entender la nuestra. Porque, como Telémaco, todos sabemos lo que es mirar el horizonte y preguntarnos si, al final del día, encontraremos alguna respuesta.

¿Qué buscamos realmente cuando preguntamos por los ausentes? ¿Qué esperamos hallar en los ojos de los otros, en las historias que nos narran, en las palabras que pronuncian y en los silencios que guardan?

Aquí vemos cómo Odiseo es la representación de la ausencia eterna, es el recordatorio de que la nostalgia y el olvido duelen más que la muerte pese a que haya una esperanza de un regreso. Somos, por tanto, seres de nostalgia. Desde la marcha de los mil navíos hacia Ilión hasta el *nóstos* de los héroes, nuestras naves "no navegan con el viento o un timonel, sino que las mueve el pensamiento, el deseo y acaso la nostalgia" (como publicó Juan Manuel Macías en la red social "X" el 18/01/2025). El deseo del amor por la patria o la familia o el odio contra los enemigos (como escribió Cesare Pavese, "con amor o con odio, pero siempre con violencia") recuerdan cómo todas las travesías que vivimos los humanos están marcadas por una profunda intensidad.

Me gusta pensar que, mientras el rey de Ítaca intentaba volver a casa, el príncipe miraba al horizonte, al mar y al sol, y mientras Penélope tejía pacientemente, cada uno de ellos sabía que, pese a la distancia, todos miraban a la misma luna. Todos sentían una nostalgia de los abrazos que no dieron, las palabras que no dijeron y un hogar que nunca llegó a existir. Todos sienten una nostalgia de lo que no han llegado a vivir.

Decía antes que siempre he considerado *La Odisea* como mi libro favorito. Me fascinaba la historia de Odiseo, de su multiforme ingenio para poner fin a la guerra y todo lo que vivió en el mar para poder volver a Ítaca; pero uno crece y el tiempo hace de las suyas. Ahora la Musa ya no me cuenta la misma historia; ahora habla de la nostalgia, de la familia, del hogar y de quiénes somos cuando todo eso nos falta.

A todo aquel que fue a una guerra sin quererlo, a todo aquel que cruzó el mar y se enfrentó a tempestades y monstruos, a todo aquel que salió a buscar ayuda y a todo aquel que salió a buscarse a sí mismo: siempre hay un Néstor que te da esperanzas. Siempre hay alguien que te salva la vida.

¿QUÉ HICISTE, MEDEA? QUE TU CRIMEN AÚN NOS SANGRA…

TERESA TRINIDAD

¡Oh miserable!
—pues mi lengua no encuentra
un insulto mayor
contra tu muerta virilidad—.
¿Cómo te atreves a venir?
¿Cómo te atreves a presentarte
ante mí, tú —mi enemigo mortal,
y el enemigo de los dioses
y del género humano—?
No es esto audacia:
esto no es valentía
—después de maltratar a los amigos,
mirarles a la cara—.
Esto es el peor de los vicios

humanos: cinismo criminal.

Pero has hecho muy bien en venir.

Aliviaré mi corazón injuriándote

y sufrirás oyéndome.

Por el principio empezaré la historia.

A ti te salvé yo,

como bien saben todos los griegos que en la nave Argo

contigo se embarcaron.

Te habían enviado

para uncirles el yugo a los toros

cuyo aliento despedía fuego,

y sembrar luego el campo de muerte.

Después, a la serpiente

que, siempre insomne, cubría

con sus anillos de múltiples repliegues

el vellocino de oro, la maté.

Y la luz de la salvación

encendí para ti.

Finalmente, yo misma,

traicionando a mi padre y a mi casa,

me fui contigo a Yolco del Pelión

con mucho más corazón que cerebro.

Y maté a Pelias, que había asesinado

a tu padre, con la más dolorosa

de las muertes, a manos de sus hijas,

y te libré de todos tus temores.

Y a cambio de este trato,
infame criminal,
me has traicionado,
te has procurado
un nuevo lecho,
incluso teniendo hijos.
Porque, si no tuvieras hijos,
quizá fuera excusable
el que te enamoraras de esa cama.
¡Ay, estas manos,
que tantas veces estrechabas!
¡Qué vano ha sido
recibir las caricias de este miserable!
¡Hasta qué punto has decepcionado
mis esperanzas!
(Silencio largo.)
Bueno, como si aún fueras amigo,
te voy a hacer una pregunta.
Y ahora, ¿adónde puedo dirigirme?
¿Iré al palacio de mi padre
o a mi patria, a los que por ti
traicioné? ¿O puedo ir a casa *(Con tono irónico.)*
de las desdichadas hijas de Pelias?
Me he convertido en enemiga
de los amigos de mi casa,
a quienes maltratar jamás
debí, y para congraciarme contigo
les declaré la guerra.

Aunque, en compensación,

tú me has hecho feliz a los ojos

de muchísimas griegas.

En ti un marido

admirable y fiel yo tengo, infeliz de mí.

Si huyo expulsada de mi país,

privada de amigos,

sola con mis hijos abandonados,

¡qué oprobio tan noble (*Pronunciado con sarcasmo.*)

para un recién casado

en la miseria ver errar

a tus hijos y a mí que te he salvado!

Oh Zeus ¿por qué a los hombres

les das medios seguros

para distinguir el oro auténtico del falso

y, en cambio, no grabas

en el cuerpo un tatuaje

por el que distingamos al varón que es carroña?

(*Medea*, vv. 475-516

Eurípides)

Medea es uno de los personajes más controversiales de la literatura clásica, esto es así. Por si no has escuchado nunca de ella, lo más reseñable para parte del imaginario colectivo de nuestra sociedad es que esta «mala mujer» asesinó a sus dos criaturas para vengarse del desprecio que le había hecho su amado

Jasón. Claro, Medea y Jasón no habían sido rollo de una noche; estaban casados, Medea lo había hecho todo por él y él decidió que le apetecía vivir su propio *Mamma mia!* con una princesa griega.

En este monólogo, Medea le expone a Jasón todo lo que hizo por él (si esto fuese un musical sonaría 'Rata de dos patas' de Paquita la del barrio) y le echa en cara todo lo que le está haciendo sufrir. ¿Pero qué ha pasado realmente para que esta pareja llegue a este punto? Vamos al contexto, empecemos por cuando Medea y Jasón se conocieron (algo que Eurípides no nos cuenta, pero a quién no le va a gustar un buen chisme bien contado).

En el tercer canto de las *Argonáuticas* de Apolonio de Rodas nos cuenta que érase que se era que, en aquella época sin fecha, llegaron los Argonautas (un grupo muy variopinto liderado por Jasón) a la tierra de Cólquida, reino del rey Eetes (que encima era un *nepobaby* porque su padre era Helios, el dios del sol). Los Argonautas habían llegado hasta allí siguiendo a su líder Jasón, al que su tío Pelias había enviado en busca del Vellocino de Oro para deshacerse de él, o, mínimo, conseguir un objeto que le daba la legitimidad de reinar (le llamaban Pelias el usurpador por algo, pero esa historia del tío malvado que usurpa el trono se la dejamos a Shakespeare).

Todo habría sido una anécdota de viaje cualquiera, de no ser porque al rey Eetes no le hacía ninguna gracia que viniesen a reclamarle su Vellocino de Oro. Así pues, para deshacerse de él, le impuso a Jasón una serie de pruebas diseñadas para el fracaso: primero, debía uncir dos toros con pezuñas de bronce que resoplaban llamas devoradoras por sus fauces; con ellos, debía arar un vasto campo consagrado al dios de la guerra, Ares; y en los surcos abiertos, sembrar unos dientes de dragón. De estos dientes, brotaría un ejército de guerreros armados, a los que tendría que enfrentarse y derrotar. Jasón al enterarse se asustó (con razón), sin embargo, tenía la suerte de ser griego en la época en la que los dioses interferían todo el rato. Jasón siempre fue el favorito de la diosa Hera (diosa del matrimonio, lo que será gracioso más adelante) que avisó a Eros (dios del amor) de que el muchacho necesitaba un poquito de apoyo, y enseguida le consiguió la ayuda definitiva: una mujer enamorada.

Medea era toda una belleza de mirada penetrante, pero más que su belleza, destacaba su profundo conocimiento de las artes arcanas. Era una sacerdotisa de Hécate, diosa de la magia y la hechicería, y conocía los misterios de las hierbas, las pócimas y los encantamientos. Pero por mucha magia que conociese, la flecha del dios del amor fue más fuerte, y cayó prendada del mozarrón. La pasión que conmovió su corazón la volvió loca de amor (casi literalmente). De repente, la lealtad a su padre y a su patria no eran nada en comparación al amor por Jasón. Así pues, Medea tomó la decisión de ayudarle domando los toros y venciendo a los guerreros a cambio de que Jasón le jurase, por los dioses y su honor, que la tomaría como esposa y la llevaría lejos. El líder de los argonautas, que era cobarde, pero no tonto, aceptó.

La noche antes de la prueba, Medea entregó a Jasón un ungüento mágico, conocido como el Bálsamo de Prometeo. Le instruyó para que se untara el cuerpo, su escudo y su lanza con él. Esta pócima lo haría invulnerable al fuego de los toros y le otorgaría una fuerza prodigiosa durante un día entero. Así protegido, Jasón se enfrentó a las bestias llameantes. Ante el asombro de la gente de la Cólquide y la furia contenida de Eetes, el héroe apresó a los toros, los unció al yugo y aró el campo de Ares sin sufrir daño alguno. Una vez arado el campo, Jasón sembró los dientes de dragón. De los surcos comenzaron a brotar hombres armados, los espartos, con miradas feroces y lanzas dispuestas. Pero Medea también le había revelado el secreto para vencerlos: Jasón debía arrojar una gran piedra en medio de ellos. Siguiendo su consejo, Jasón lanzó la piedra. Los guerreros, confusos sobre quién los había atacado, se volvieron unos contra otros en una sangrienta batalla fratricida, aniquilándose mutuamente hasta que no quedó ninguno en pie.

¡Las pruebas habían sido superadas! ¿Significaba eso que Jasón se llevaría el vellocino y a la chica? Bueno, más o menos. Al regresar, el rey Eetes, cabreado como los toros, no pensaba entregar el vellocino, así que comenzó a tramar la destrucción de los Argonautas. ¡De los colegas de su churri! Medea no iba a permitir aquello. Avisó a Jasón y le llevó a la arboleda sagrada donde el vellocino de oro refulgía en la oscuridad, colgado de una encina y custodiado por un insomne dragón. Con sus cánticos y hierbas mágicas, Medea sumió al monstruoso guardián en un profundo sueño. Mientras la bestia dormía, Jasón descolgó el preciado tesoro.

¡Lo consiguió! Dicen que detrás de un gran hombre siempre hay una gran mujer. Yo diría que Jasón se hizo un gran hombre gracias a una gran mujer. ¿Acaso te parece poco? Es que hay más; bueno, ya lo has leído en el monólogo de Medea, pero en resumidas cuentas lo que ocurrió es lo siguiente.

Tras su épica aventura y la captura del Vellocino de Oro, Jasón y Medea navegaron de regreso a Yolco, la tierra natal de Jasón en la que gobernaba Pelias el usurpador. ¿Esperaba Pelias que su sobrino volviese? La verdad es que no, para eso le había enviado a la misión suicida. ¿Significaba eso que le iba a ceder su legítimo trono? Pues tampoco. Lo que no esperaba Pelias era a Medea, que no iba a permitir bajo ningún concepto que decepcionasen a su nuevo marido. Se puso manos a la obra e ideó un plan bastante perverso.

Se presentó ante las hijas de Pelias: las Pelíades. Les habló de su capacidad para rejuvenecer a los ancianos, para devolverles el vigor perdido. Para demostrar su poder, tomó un viejo carnero, lo descuartizó y lo hirvió en un caldero con una selección de hierbas mágicas mientras entonaba cánticos en una lengua desconocida. Al cabo de un rato, del caldero no salió el viejo animal, sino un cordero joven y lleno de vida, que balaba con energía (ni convertir el agua en vino fue tan impresionante de ver). Las muchachas, alucinadas y deseando ver a su anciano padre recuperar la lozanía de la juventud, le rogaron a Medea que hiciese lo mismo con él. ¿Qué podía salir mal con lo poderosísima que era? Ni que tuviese razones por las que odiar a Pelias. Por eso Medea, encantadora, les explicó el procedimiento con sumo detalle: ellas mismas debían cortar a su padre en pedazos y hervirlo en el caldero con las hierbas que ella les proporcionaría. Les aseguró que, al igual que el carnero, su padre resurgiría joven y fuerte.

Lo que siguió, ya os lo podéis imaginar. ¡Cocido familiar! Por desgracia, al hijo de Pelias no le hizo ninguna gracia esta broma, así que expulsó a su primo y a la bruja de su mujer. Desterrados, encontraron refugio en Corintio, y aquí comienza el «felices para siempre».

Ya sabemos que esto es una tragedia griega y los finales felices no existen. A pesar de que durante unos años Jasón y Medea tuvieron un matrimonio más o menos normal, quizá la vanidad de Jasón se vio afectada, quizá es que tenía pequeñito el orgullo, quizá no le era suficiente con estar casado con una de las mujeres más poderosas del momento con la que ya tenía dos hijos. Pobre Jasón. ¿Qué se supone que podría haber hecho en esta situación?

El rey Creonte de Corinto tenía una hija, una hermosa y joven princesa (Eurípides no nos dice su nombre, tal vez ya eran demasiados personajes o las mujeres no importaban tanto como para ser nombradas). Casarse con ella significaba el ascenso directo al trono. Y por supuesto iba a contar con su poderosísima esposa para ello, ¿verdad? Ay, Jasón, Jasón… ¿Tan difícil era pensárselo dos veces?

Medea se acabó enterando, bueno, ella y toda Grecia. Su marido se había casado con la princesa. Y para colmo, el rey Creonte la expulsa a ella y a sus hijos de su reino, para que no causen problemas. Es que es muy fuerte. ¿Y qué hace Jasón ante esto? Se presenta con la audacia de decirle a Medea que se vaya, que él se queda con los niños. Y que lo hace por ella y por los niños, que en el futuro él tendrá hijos príncipes que podrán ayudar a los primogénitos. Por ejemplo. Si cuela, cuela.

¿Es Medea una histérica sin razón? ¿Una desquiciada? ¿Se merecía ese trato, después de todo lo que hizo por Jasón? Fuese o no lícito, Jasón ya debería de haberse dado cuenta de que su primera esposa era de armas tomar. ¿Qué le hacía pensar que estaba indultado de sus reacciones tan viscerales y brutales?

Después de que ocurriese lo más terrible, Medea huyó a Atenas en un carro que su abuelo, el dios Helios, le concedió. Y aquí acaba esta tragedia, aunque la historia de Medea siguió hasta convertirse en leyendas de otras tierras.

Y ahora tú también conoces su historia en profundidad.

¿Qué tal llevas el viaje? Lo siento si el contexto ha sido largo, y más después de la elegancia y la rapidez con la que te lo cuenta Eurípides a través de los labios de Medea.

La realidad es que el estreno de Medea no tuvo la mejor de las acogidas. Se representó en el año 431 a. e. c. en las famosas

Dionisias Urbanas de Atenas (por si no te suenan, son las fiestas en las que los atenienses se juntaban a hacer certámenes de teatro) y quedó en el tercer puesto (sin embargo, es una de las obras más conocidas de Eurípides, ¿quién se lo iba a decir?) Esta fue la primera vez que se representaba a Medea como la asesina premeditada de sus hijos (Rose 1999). Luego ocurriría más veces, y aunque Eurípides, como buen griego, seguramente no mostró el asesinato en el escenario, hay obras mucho más sangrientas (e irrepresentables) como la *Medea* de Séneca.

Esta tragedia no solo nos cuenta la historia de una asesina. Las mujeres en Grecia eran poco más que los esclavos. Pero Medea ni siquiera era griega, sino una bárbara que había sido desterrada, alejada de su familia, de su hogar, con el corazón roto... Era una hechicera poderosísima capaz de convertirse en una asesina para poder vengarse de la manera más dura y cruel de aquel que amó. Para los griegos, las mujeres no pueden ser sabias; por muy lista que fuese Medea, su inteligencia se califica por ser astuta como una zorra. Medea es una mala mujer, una mala madre, una mala esposa. Premeditada e histérica. ¿Pero sabéis qué pasa? Que incluso aun así, con todo lo que Medea representa, se ve sometida al marco de un relato determinado y restringido por la sociedad patriarcal (Gras 2012). Su historia sigue girando en torno a un hombre y todo lo que le ocurra o deje de ocurrir, vendrá dado por este. Además, el juicio sobre Medea se vuelve complejo al observar el doble rasero de las personas que juzgan la mitología: mientras a Hércules se le excusa por asesinar a su familia al estar enloquecido por una diosa, la locura de Medea, nacida de la traición tangible de Jasón, es condenada sin atenuantes. Es absurdo culpar a símbolos o al destino para justificar las acciones humanas en nuestros días, como si la infidelidad de un hombre se debiera a un «mercurio retrógrado», ya que esto evade la responsabilidad personal. Pero ante la realidad de Medea en las situación en la que estaba, en el contexto en el que estaba, surge la pregunta inevitable de su desesperación: ¿qué iba a hacer?

Contar las historias de mujeres alrededor de la vida de los hombres es algo que hoy en día estamos intentando apartar de nuestra literatura, porque por suerte nuestro pensamiento va cambiando (aunque sea despacio y no en todo el mundo). Sin embargo, en el mundo real, cuando en las noticias sale el infanticidio a manos de un padre, la reacción más común es pensar que es un psicópata o que estaba «confundido». En cambio, cuando se trata de la madre asesina, la sociedad pone el grito en el cielo y se horroriza hasta términos inesperados (algo que, en mi opinión, es lo que debería de pasar siempre en casos de infanticidio). Y sí, resulta crudo y casi inconcebible imaginarse a una madre matando a sus hijos; pero es porque la figura materna parece anular cualquier otra identidad, convirtiéndose en un arquetipo sagrado que para muchos (y durante parte de nuestra historia occidental) es más que ser una simple mujer. Pero bueno, por si no ha quedado claro no estamos defendiendo el asesinato, por mucha legitimidad que se le pueda dar; un buen motivo no justifica la muerte de nadie, y menos la de unos niños. Es solo un pequeño pensamiento sobre qué estamos haciendo como sociedad a la hora de hablar de estos casos.

Y hasta aquí el análisis de *Medea* de Eurípides. Para que la próxima vez que estés en la cena familiar de turno y el ambiente sea demasiado divertido, puedas contar la historia de una de las hechiceras más importantes de la literatura clásica y disfrutar del debate.

ISMENE. 'DUELOS QUE SÍ Y DUELOS QUE NO'[1].

Sabina Manuela Luque Cosa

Creonte.– Afirmo que estas dos muchachas han perdido el juicio, la una acaba de manifestarlo, la otra desde que nació.

Ismene.– Nunca, señor, perdura la sensatez en los que son desgraciados, ni siquiera la que nace con ellos, sino que se retira.

Creonte.– En ti por lo menos, cuando has preferido obrar iniquidades junto a malvados.

Ismene.– ¿Y qué vida es soportable para mí sola, separada de ella?

Creonte.– No digas «ella»: no existe ya.

(*Antígona*, vv. 563-568
Sófocles)

---

1. En referencia a la cita *'Cuerpos que sí y cuerpos que no'* de la obra teatral inédita *Antígona Inhumada* de Sofía Ugena Sancho, estrenada por la compañía española Elfo Teatro en 2023, en la que Antígona hace referencia al trato que la ciudad de Tebas y su rey Creonte han impuesto a sus dos hermanos fallecidos, Eteocles y Polínices, uno enterrado con honores, el otro abandonado para que se alimenten de él los animales de rapiña.

Sófocles, (Colono, actual Atenas, 495 a.C. – Atenas, 406 a.C.), continúa siendo uno de los tragediógrafos griegos más representados, leídos y estudiados en la actualidad, planteando conflictos y modelos que se siguen pensando —y cuestionando— hoy en la tradición occidental. Nacido ciudadano ateniense, ocupó cargos político-militares, como el de estratego, y se dio a conocer en los concursos teatrales de dicha ciudad. Conservamos de su obra siete tragedias completas, aunque en este capítulo solo aludiremos a las relacionadas con el Ciclo Tebano, tradición literaria que se retrotrae a una serie de tres poemas de la Época Arcaica, *Edipodia*, *Tebaida* y *Epígonos*, en torno al personaje de Edipo y a las guerras entre las polis de Tebas y Argos, en las que se vieron envueltos sus descendientes tras su fallecimiento en Colono. Sobre este hilo mítico, han escrito otros autores teatrales como Esquilo en *Los siete contra Tebas* o Eurípides en *Las Suplicantes* y *Las Fenicias*, pero sin duda, aquellas que han alcanzado más éxito, sobre todo en su pervivencia en la actualidad son el *Edipo Rey* y la *Antígona* de Sófocles, completando la trilogía una, mucho más desconocida, *Edipo en Colono*[2].

En la primera de ellas Edipo, príncipe de Corinto, huye de su ciudad pare evitar la terrible profecía que oída de los labios de un oráculo pronostica que matará a su padre y que yacerá en el tálamo con su madre. En su camino, se cruza con un grupo de viajeros, con los que se produce un enfrentamiento y a los que acaba dando muerte. Así, llega a la ciudad de Tebas, donde libera a sus ciudadanos de la Esfinge, criatura mítica que los aterrorizaba, y premiado por su valor e ingenio, se convierte en

---

2. En este capítulo todas las referencias y citas de las tragedias de Sófocles, se han extraído del volumen recopilatorio *Tragedias* (1981) de la Editorial Gredos, con traducción de Assela Alamillo Sanz.

rey de Tebas, y contrae matrimonio con la reina viuda de la ciudad, Yocasta. Juntos engendran cuatro hijos, Eteocles, Polínices, Antígona e Ismene, y durante largo tiempo son felices. Sin embargo, una epidemia llega a Tebas y el adivino Tiresias, le indica al rey Edipo que esta no se apaciguará hasta que se desvele quien fue aquel que asesinó al rey Layo, antiguo rey de la ciudad, que murió asaltado en un cruce de caminos. Pronto se irá desvelando que no solo Edipo fue el que asesinó a Layo en su encuentro en un camino, si no que el joven héroe, es en realidad hijo de Layo y Yocasta, y que fue entregado a un pastor, servidor del rey de Corinto, porque sus auténticos progenitores habían recibido la terrible profecía que hace huir al protagonista al comienzo de la acción. Este, dándose cuenta del acto parricida e incestuoso en que ha incurrido, se ciega a sí mismo con un puñal y, mientras su esposa y madre Yocasta se ahorca en su alcoba nupcial, abandona la ciudad para siempre.

Cronológicamente, la narración continúa con el viaje de Edipo acompañado por sus hijas, Antígona e Ismene a Colono, donde después de maldecir a sus hijos, que buscan su favor en la guerra fratricida en que se han enzarzado por el gobierno de Tebas, que habían jurado compartir tras la marcha de su padre, y tras rechazar los intentos de Creonte de llevarle de regreso, ya que el designio divino haría dichosa a aquella ciudad en la que descansase el cuerpo del desdichado rey ciego, encontrará la muerte. En esta obra, empezamos a entrever el carácter de la descendencia de Edipo, especialmente el de Antígona e Ismene, únicos familiares de Edipo que le socorren y acompañan en su destierro sin esperar por ello beneficio alguno.

Mientras, en *Antígona*, los hermanos Eteocles y Polínices se han dado muerte mutua, y Tebas es gobernada por Creonte, hermano de Yocasta y tío de Antígona e Ismene. Este, ordena que Polínices, que había tratado de tomar el poder asediando la ciudad con tropas extranjeras, no sea enterrado, para que su espíritu no pueda descansar entre los muertos. Entonces Antígona propone a Ismene que ambas secretamente salgan de la muralla para sepultarle, sin embargo, Ismene, se niega al crimen. Antígona es posteriormente descubierta en el acto, y Creonte llama a ambas hermanas, para condenarlas a muerte por ir contra la ley de la ciudad, aunque finalmente solo Antígona es condenada, ya que esta misma desmiente la participación de Ismene. Así, por orden de Creonte, es enterrada viva en una cueva para morir sola y sepultada, donde ya su crimen no pueda inspirar maldad en el corazón honesto de los ciudadanos tebanos.

Claramente, Ismene es tratada como un personaje secundario en las tres obras, y en los textos sus intervenciones son pocas (*Edipo en Colono*) o incluso nulas (*Edipo Rey*), habiendo recibido escasa atención en comparación a Antígona, que se ha convertido no solo en uno de los personajes más conocidos de la mítica y el teatro griego, sino también en arquetipo feminista gracias a trabajos como *La tumba de Antígona* de la filósofa española María Zambrano, *El clamor de Antígona* de la filósofa estadounidense Judith Butler o *Antígona González* de la escritora mexicana Sara Uribe. Sin embargo, Ismene, cuando no ha sido ignorada, ha sido categorizada como un personaje cobarde, débil, que tiene únicamente la función de ensalzar las características de Antígona como heroína trágica que subvierte el orden de la ciudad en favor de la tradición y las leyes divinas, que en este caso enlazan con la memoria, la familia, la justicia y el amor.

¿Pero es esta la función de Ismene como personaje? ¿Es la única conclusión extraíble del personaje de Sófocles? En este capítulo, pretendo ofrecer una tentativa de análisis que equipare a ambas hermanas como figuras literarias de interés desde una perspectiva feminista, precisamente por el conflicto en el que incurren sus posturas.

Tanto Antígona como Ismene realizan su primera aparición en *Edipo Rey* como ideales de la doncella trágica, acompañan al cabeza de familia en su destino en el ostracismo, por deber y por amor. Mientras, en *Edipo en Colono*, ambas, Antígona guiando a su padre ciego e Ismene previniéndole de aquellos que pretenden usarle para su propio beneficio tras haberle repudiado, tratan de aliviar el pesar y el sufrimiento existencial de su anciano y ciego padre en el destierro. Ambas abordan la misma tarea, aunque ya de formas visiblemente distintas. Antígona sigue a su padre en sus fúnebres pasos, mientras que Ismene, más práctica y temerosa de la posición vulnerable en que la desgracia familiar las deja como mujeres, permanece en Tebas, pero no duda en acudir en auxilio de su amado padre, cuando la situación lo requiere. En *Antígona*, sin embargo, se produce el quiebre entre las hermanas (hay quienes le ha dado una lectura definitiva, como Carolin Hahnemann[3], y otros que han especulado, narrativamente, como María Zambrano en *La tumba de Antígona*, con la posibilidad de una reconciliación). En el prólogo de la obra, Antígona considera imperativo, y así se lo dice a su hermana, dar entierro a su hermano Polinices, por encima de conservar la vida, y espera que ambas como una sola cabeza y una sola mano (como plantea el artículo *"Las cabezas de la justicia: ¿"Antigona-Ismena"?, ¿"Antigona e Ismena"?, ¿"Antigona"?, ¿"Ismena"?...* (2017) de Aurelio De Prada García), ya que de una sola rama han madurado, enfrenten el destino que dicho crimen les traiga. Pero Ismene, plantea entonces una tercera vía, que no es ni la de Antígona ni

---

3. Hahnemann, Carolin. *Broken Sisterhood: The Relationship between Antigone and Ismene in Sophocles' Antigone*, Scripta Classica Israelica, vol. XXX-VIII, pp. 1-16., 2019

la de Creonte, ni olvido ni martirio. Ismene permanece evidentemente de acuerdo con la oposición de Antígona al discurso de su tío, *"Ismene. —Bien, vete, si te parece, y sabe que tu conducta al irte es insensata, pero grata con razón para los seres queridos"*, pero responde a Antígona, cuya proposición puede resumirse en "los muertos importan tanto como los vivos, y no merecen nuestro olvido", con una proposición alternativa: "los vivos importan tanto como los muertos, y ni unos ni otros merecen nuestro olvido", que en esta situación viene a querer decir que ellas mismas no merecen su propio olvido, que su vida vale tanto como la de sus hermanos, y que por tanto no tiene sentido despreciarla en un acto del que solo se puede esperar una resolución fatal. Ismene entiende y respeta profundamente el dolor y la decisión de Antígona, prometiéndole su discreción y deseándole éxito en la dificultad, *"Ismene. —Pero no delates este propósito a nadie; mantenlo a escondidas, que yo también lo haré"*, pero al contrario que ella, que juzga la naturaleza de Ismene como traidora a su estirpe, *"… y podrás mostrar pronto si eres por naturaleza bien nacida, o si, aunque de noble linaje, eres cobarde"*, permanece firme en que lo que aún queda de su familia, aún en precaria posición en que les deja la muerte de los parientes varones que por ellas podrían interceder, merece todavía ser salvado de las fauces de la tormentosa sangre, violenta y parricida, que engulle a la estirpe de los labdácidas —Lábdaco es el padre de Layo y abuelo de Edipo—, uno a uno. Es larga la genealogía de doncellas que se sacrifican en la tragedia en favor de los fines de su familia o de su patria, y es Ismene la que en este caso subvierte la norma tácita del sacrificio femenino, dándole valor a su vida, no solo como accesoria de la de sus hermanos, que por su propia voluntad y ansia de poder se han entregado sin medir las consecuencias al ejercicio de la violencia fratricida.

A pesar de que Ismene trata de trasmitirle todo ello a Antígona, intentando aliviar el enfrentamiento que crece entre las dos durante el prólogo de la obra, como evidencia el artículo de Luz Conti[4], esta rechaza la vida ofrecida que no le permite estar en paz con los que ama. Es claro, por el lenguaje usado, que Antígona solo reconoce a Ismene como hermana, en tanto que esta se alinee con la idea familiar horizontal, en la que hermana, hermanos y padre-hermano forman un ser múltiple, entrelazado, fúngico, urdido por la *hamartía* —error irredimible que comete todo héroe trágico— por el que todos ellos son traídos al mundo y en el cual se fundamentan sus vínculos afectivos (De Prada García, 2017). No hay reconciliación posible con la vida: muertos ellos, nada pueden (ni deben) ellas esperar más que yacer entrelazados en el túmulo. Es la misma Antígona la que fragua su propia tragedia conscientemente, al contrario que en *Edipo Rey*, donde se trata un drama de reconocimiento y descubrimiento, en el que el protagonista es perseguido por un designio divino fatídico, que siempre le sale al encuentro. Pero en este caso, y sin que ella lo perciba o pretenda, primeramente, la tragedia adquiere dos protagonistas, culminando la destrucción de la familia con la condena de ambas hermanas: una destinada a morir en soledad entre los muros de piedra, la otra a permanecer sola, como única superviviente, entre aquellos que la desprecian y que condenan a los suyos. Y cuando Creonte las llama a ambas a su presencia, es Antígona la que, absolviendo a su hermana de culpa en su crimen, confirma la condena de Ismene, obligada a la vida, cuando ya nada la ata a ella, desparecida su hermana, como se evidencia en el fragmento que encabeza este texto.

---

4. "Estilo Comunicativo en el prólogo de 'Antígona'. La interacción entre Antígona e Ismene Veleia, N.º 39, pp. 53-64, 2022".

Ismene.– *¡Hermana, no me prives del derecho a morir contigo y de honrar debidamente al muerto!*

Antígona.– *No quieras morir conmigo, ni hagas cosa tuya aquello en lo que no has participado. Será suficiente con que yo muera.*

Ismene.– *¿Y qué vida me va a ser grata, si me veo privada de ti?*

(Antígona, vv. 545-8)

Este destino solitario, de delirio y recuerdo, con similitudes con *La tumba de Antígona,* fue el que le imaginó el poeta y político griego Yannis Ristos en *Ismene* (Ed. Acantilado, 2012), en el que el personaje, la última de su estirpe, habita una casa poblada de fantasmas, y en la que confirma su visión de Antígona, como un personaje inclinado a la muerte.

> *Bella ocupación*
> *la de seguir ese derrumbamiento silencioso*
> *hacia un vacío tan hondo (sin fondo y sin fin)*
> *que infunde una sensación de inmensidad,*
> *algo como las grandes ideas que nombramos con orgullo:*
> *libertad, inmortalidad, eternidad y otras.*

Yannis Ristos,
Ismene, España, Editorial Acantilado, 2012.

Ahora bien, en Antígona no solo se evidencia la idea de que hay muertos que 'merecen' y muertos que no, sino que, con Ismene, se abre la puerta a pensar en aquellos a quienes no se les adjudica 'el derecho de sufrir por sus muertos' –que puede ser una forma tanto de participación social como política–, porque sus formas de oposición al poder se consideran tibias o insuficientes. Las narrativas que el pensamiento falocéntrico occidental ha impuesto como formas de militancia, y que han generado derivas misóginas tan excluyentes para los sujetos feminizados como las descritas por Silvia Federicci en *El patriarcado del salario. Críticas feministas al marxismo* (Traficantes de Sueños, 2018) —por ejemplo el proyecto del 'salario familiar'— en que se plantean formas únicas y definidas (tradicionalmente masculinas) de resistencia contra el poder, cosidas por una narrativa de heroicidad, similar precisamente a la del sacrificio trágico, que exige de los individuos una independencia, una entrega al proyecto político, una mayoría de edad kantiana, que excluye a numerosas identidades disidentes de ese paradigma, que en el ensayo *La Instancia Subversiva. Decir lo femenino, ¿es posible?*, la filósofa Carolina Meloni, nombra bajo el paraguas de lo 'femenino'. Pero Ismene, desde su conciencia de ser subalterno, femenino, no desea ser heroína, ni un sacrificio trágico que la encumbre como a su hermana en mártir, no desea el ciclo interminable del enfrentamiento y la muerte. Su deseo es de vida, de posibilidad de alegría para los vivos, de una realidad en que aún merezca la pena la vida. Creo yo que esta idea entronca con lo que proponen Carla Bergman y Nick Montgomery en *Militancia Alegre. Tejer resistencias, florecer en tiempos tóxicos* (Traficantes de Sueños, 2023):

"Diría que porque quiero vivir, porque no quiero morir, porque no quiero morir en vida, es que necesito de una colectividad en donde no solo haya certezas mínimas, sino también dudas y no saber; donde radicalmente podamos pensar y repensar cada vez el sentido de lo que hacemos, y no se den por hecho las identidades".

La lucha contra el poder debe tener como fin la posibilidad de una vida deseable, no un cementerio ni un campo quemado. También el personaje de Ismene puede leerse, volviendo a ese requisito de la independencia para la militancia política, desde conceptos como el de 'interdependencia', ahora muy presente en los discursos de los movimientos feministas sobre 'los cuidados', pero que se fraguaron antes en los movimientos campesinos e indigenistas del sur global, planteando diversas terminologías entre las que se ha popularizado en los últimos años el de 'políticas del buen vivir'. Este término cuestiona radicalmente esa idea de 'entrega absoluta', que olvida la necesidad que los movimientos políticos tienen de militancias que reproduzcan no solo para la lucha, si no para la vida misma, para la alegría y la esperanza, y para ello es indispensable tener en cuenta tanto los fines, como los sacrificios que se pueden o no llevar a cabo. Un conflicto similar en estos términos puede observarse en el documental *La rebelión de las flores* (2022), una producción argentina dirigida por María Laura Vásquez, en la que se nos muestra la ocupación que, en 2019, llevaron a cabo mujeres de numerosas comunidades indígenas de toda la Argentina, de la sede del Ministerio del Interior en Buenos Aires, para protestar contra las desapariciones de familiares —colectivo de Antígonas (e Ismenes) González— y otras violencias sufridas en sus comunidades. En el largometraje se muestran los conflictos que surgen en la militancia de estas, en la que también se da una fractura cuando algunas de ellas deciden regresarse a sus hogares para llevar algunos recursos que han conseguido para alimentar a sus hijos y otras personas dependientes, que quedaron desprotegidos y sin recursos en sus territorios. Unas sienten la necesidad de volver para cuidar a sus comunidades, las otras creen que todo se perderá si no se quedan, y que no habrá justicia, ni para los que se llevaron ni para ellas. Finalmente se reconcilian, y ambos grupos —Ismenes y Antígonas— continúan con lo que cada una de ellas considera un paso irrenunciable en su lucha.

Hemos hablado anteriormente de la posibilidad de una reconciliación entre ambas hermanas. Yo creo no solo que es posible, sino que es deseable y necesario. Esa tensión y reconciliación que hay en el conflicto Antígona-Ismene, al contrario que el conflicto Antígona-Creonte, es resoluble, porque no presenta posturas antagónicas, sino de alternancia, un fenómeno que se da continuamente en los individuos y en los colectivos que pretenden oponerse a las estructuras de poder. Apreciar las posibilidades que presenta Ismene no requiere despreciar el arrojo de Antígona, sino entenderlas como opciones igualmente válidas y necesarias. Resulta urgente pues, reconocer que, como sostiene Ismene, ambas son dignas de llorar a sus muertos.

MEGILA, EL DILDO INVISIBLE Y LA LESBIANA QUE CONFUNDIÓ A TODA GRECIA

Paula López Díaz-Pavón & *Nerea Rayo Blázquez*

Diálogo V: CLONARIÓN Y LEENA

CLONARIÓN.– Hemos oído cosas sorprendentes acerca de ti, Leena; dicen que Megila, la rica lesbia, está enamorada de ti como un hombre, que vivís juntas y os dedicáis a no sé qué actividad recíproca.

¿Qué pasa?, ¿has enrojecido?, ¡ea!, dime si es verdad lo que se dice.

LEENA.– Es verdad, Clonarión. Y yo estoy avergonzada, por lo antinatural que es esto.

CLONARIÓN.– ¡En nombre de la diosa Afrodita!, ¿de qué se trata?, ¿qué quiere la mujer?, ¿qué hacéis cuando estáis juntas? ¿Lo ves? Ya no me quieres, pues de otro modo no me ocultarías tales secretos.

LEENA.– Te quiero más que a ninguna otra amiga, pero ella es terriblemente viril.

CLONARIÓN.– No entiendo lo que dices, a no ser que se trate de una especie de fulana para mujeres. Dicen que hay mujeres así en Lesbos, con pinta de hombres, que no quieren tener comercio con hombres, sino que ellas mismas se acercan a las mujeres, como si fueran hombres.

LEENA.– De una cosa parecida se trata.

CLONARIÓN.– Entonces, Leena, explícamelo, cómo se insinuó primero, cómo tú te dejaste convencer y lo que vino después.

LEENA.– La propia Megila y otra mujer rica, Demonasa la corintia, con las mismas costumbres que Megila, habían organizado una fiesta y me habían contratado a mí también para que les tocara la cítara. Cuando dejé de tocar ya era muy tarde y había que acostarse; ellas estaban borrachas. «¡Ea! —me dijo

— Leena, es un buen momento para irnos a la cama, acuéstate aquí en medio de nosotras.»

CLONARIÓN.– ¿Y te acostaste? ¿Qué pasó luego?

LEENA.– Al principio me besaban como los hombres, no sólo ajustando sus labios a los míos, sino que entreabrían la boca y me abrazaban, apretándome los pechos. Demonasa incluso me mordía mientras me besaba . Yo no sabía cómo interpretar lo que ocurría. Por fin Megila, que estaba ya muy caliente, se quitó la peluca de la cabeza (llevaba una peluca muy bien imitada y perfectamente ajustada) y apareció pelada al cero, afeitada como hacen los atletas muy viriles. Yo al verla me quedé turbada, pero ella me dijo: «¿Has visto alguna vez, Leena, a un muchacho tan hermoso?» «Yo no veo aquí a ningún joven, Megila», dije. «No me afemines —dijo—, pues yo me llamo Megilo y hace tiempo que me casé con Damonasa; es mi mujer.» Ante estas palabras, Clonarión, yo me eché a reír y dije:

«¿Entonces tú, Megilo, nos has estado ocultando que eres un hombre, como dicen que Aquiles se ocultaba entre las doncellas, y tienes tu virilidad y te comportas como un hombre con Demonasa?»

«Aquello no lo tengo, Leena —dijo—, pero no lo necesito en absoluto; tengo una manera muy propia y mucho más agradable de hacer el amor, como vas a ver.» «¿Entonces eres un hermafrodita —pregunté yo—, con los atributos de ambos sexos, de los que se dice que hay muchos?» Porque yo, Clonarión, todavía ignoraba estas cosas. «No —respondió—, sino que soy un hombre completo.» «Oí decir —seguí hablando yo— a la flautista beocia Ismenodora, cuando contaba relatos tradicionales de su país, que una mujer en Tebas se había transformado en hombre y que este hombre había llegado a ser un magnífico adivino, Tiresias se llamaba, según creo. ¿Acaso a ti te ha ocurrido algo parecido?»

«No, Leena —respondió, yo nací mujer igual que vosotras, pero mis pensamientos, mis deseos y todo lo demás lo tengo como un hombre.>> << ¿Y te basta con los deseos?», dije yo. «Si no te fías de mí, dame una oportunidad, Leena, y te darás cuenta de que no me falta nada de lo que tienen los hombres, pues tengo una cosa a cambio de su virilidad. Tú déjate hacer lo verás.» Yo me dejé hacer, Clonarión, en vista de sus súplicas insistentes y de que me regaló un collar de mucho precio y finísima lencería. Luego yo la abracé como a un hombre y ella puso manos a la obra y me besaba y suspiraba y daba la impresión de que disfrutaba de una manera exagerada.

CLONARIÓN.– ¿Y qué te hacía, Leena, y cómo lo hacía? Dime esto sobre todo.

LEENA.– No preguntes con tanto detalle, que es de mal gusto; aparte de que, te lo juro por la Celeste, no te lo podría decir.

(*Diálogos de las Cortesanas*,
Luciano de Samósata)

Después de lo que acabáis de leer, olvidad las estatuas de mármol, las impresionantes obras arquitectónicas y las túnicas de color blanquecino. Sí, esa es la imagen que la mayoría tenemos sobre la Antigua Grecia, pero dentro de esta concepción como veis, había un chisme que sería la envidia de cualquier *reality* moderno. Porque, ¿sabéis una cosa? No hemos inventado nada; quizás le hemos dado un nombre, creamos un término, pero seguramente todo lo que a nosotros se nos pase por la cabeza, todo lo que pensamos, los sentimientos que experimentamos y un largo etcétera, ya lo hubiesen hecho los griegos. Cuando pensamos en los ciudadanos de la antigua Grecia lo que menos se nos viene a la cabeza son las lesbianas, y en caso de que sí se nos venga, nos imaginaríamos a la maravillosa Safo, escribiendo poesía entre flores y discípulas. Esto es precioso, sí. Poético, sin duda. Pero os preguntaréis, ¿y el drama? ¿Eso es todo?

Bien: pues preparaos para conocer a ¡Luciano de Samósata! El autor de esta maravillosa obra. Y no, no es uno de esos filósofos aburridos, aunque el nombre resuene a ello. Hay que pensar en él más bien como el director de una telenovela de enredos. Y es que el diálogo que presentamos aquí sobre una cortesana llamada Leena y una ricachona de Lesbos, llamada Megila, es el equivalente a una serie de Netflix de amoríos, sorpresas y mucho, mucho drama, tal como Élite o Black Mirror. Así que, si se pensaban que la literatura griega era solo la Odisea y tragedias, luchas de héroes, largos, muy pero que muy largos viajes, dioses enfurecidos o comedias por ver quién se queda a la chica… prepárense: porque Luciano nos va a demostrar que Grecia también tenía sus propios secretos, esos de los que nadie habla o no se les da importancia. Aquellos que se silencian y que jamás, jamás te van a enseñar en tus clases.

Así que, qué tal si empezamos por el principio de la historia, contada con ese tono de asombro que a nuestro protagonista Luciano tanto le gustaba....

Megila se pone los pantalones: identidad, travestismo y confusión

La escena en sí es bastante curiosa. En primer lugar, encontramos a Clonarión como narradora inicial que pregunta a Leena por los rumores que hay sobre ella y Megila, la mujer rica de Lesbos. Leena confiesa que todo lo que dicen es cierto, pero se siente avergonzada y lo califica todo como "antinatural". Clonarión, con un interés mayor que los periodistas del Hola, insiste en saber qué hacen entre ellas, con un tono jocoso, como si no hubiese escuchado nada igual en su vida. Leena sigue con su discurso, dando a entender que no está disgustada por lo que ha hecho y excusándose en el hecho de que Megila es "terriblemente varonil". Así que, tras las insistentes, muy insistentes, preguntas de Clonarión, Leena decirle contarle la historia, un poco también como desahogo (porque imaginaos la presión que tiene que sentir al no poder hablar de lo que le ha pasado con nadie, ni siquiera por una cuenta falsa de Twitter). Leena le cuenta la historia desde el principio, trasladando la acción a la noche del guateque en la que resulta que contratan a Leena para tocar la cítara. Y después de su larga actuación y dura jornada de trabajo, acompañada además por las anfitrionas que ya iban un poco borrachas y subidas de tono, Megila invita a Leena a meterse con ellas en la cama: entre Demonasa y ella. La descripción que da es cuanto menos intensa... *"Al principio me besaban como los hombres, no solo ajustando sus labios a los míos, sino que entreabrían la boca, y me abrazaban, apretándome los pechos".* Nuestra pobre Leena admite que no entendía muy bien lo que estaba pasando, que esos besos "propios de hombres" se los había dado una mujer y que, claro, visto el panorama no sabía qué decir, por lo que solo disfrutaba de aquel momento tan inesperado. A continuación narra el clímax de la historia, pero verdaderamente el clímax, nunca mejor dicho. Y es que la fantástica y experimental Megila, que ya estaba un poco más "caliente" o eso afirma la propia Leena, se quita la peluca. Sí, queridos lectores, llevaba peluca. Y se deja ver con su cabeza completamente rasurada. Aquí Leena ya no sabe ni dónde meterse. Pero es que la cosa no se queda aquí, sino que, después de esta cuestión, se da paso a la revelación que rompe con todo y resulta que Megila dice: *"no me afemines, pues yo me llamo Megilo y hace tiempo me casé con Demonasa; es mi mujer".* Aquí ya podríamos imaginarnos toda la cara de Clonarión escuchando el culebrón que su amiga la está narrando, con los ojos abiertos de par en par y la barbilla por los suelos del asombro. Pero es que imaginemos a Leena, a la que en este momento vemos como una representación del "lector normativo" de las historias de la Grecia antigua; confundida, solo puede reírse nerviosamente y preguntar *"¿Entonces tú, Megilo, nos has estado ocultando que eres un hombre, como dicen que Aquiles se ocultaba entre las doncellas, y tienes tu virilidad y te comportas como un hombre con Demonasa?".* No es solo el hecho de que Leena se había metido en la cama con dos mujeres sin problemas ni remordimientos, es que una de las supuestas mujeres decía ser un hombre (su cabeza debía de estar a punto de estallar).

Pero, queridos lectores, hay que tener en cuenta que más allá de la comedia inicial con ese desconcierto, el texto nos está diciendo algo potente, y para la época, transgresor. Megila no está "haciendo de hombre" para engañar a Leena o Demonasa. No finge ser un hombre para obtener lo que desea, sino que afirma abiertamente que esto no es teatro: es una afirmación de identidad, está revelando como se siente más allá de los roles que su sociedad les ha puesto en base a unos rasgos biológicos y culturales. Está rompiendo todos los esquemas, las estructuras patriarcales inamovibles, que si lo son ahora, imaginaos en la antigua Grecia; una mujer (uno de los estratos sociales más bajos de la sociedad) que dice sentirse como un hombre. Y es que tanto su comportamiento, como su apariencia y la adopción de un nombre masculino sugiere que está viviendo o expresando con ellas un cambio de identidad que desafía el binarismo clásico que había en ese tiempo. Luciano de Samósata, te has pasado el juego. Podríamos pensar en ella como una figura a la cual encasillaríamos dentro de conceptos como identidad no binaria, travestismo o incluso una especie de drag king ancestral. ¿Está Megila intentando interpretar un rol de género? ¿O es que, como estamos acostumbrados a que haya personas que no tomen en serio este tema o no acaben de darle la relevancia que merece (sí, en pleno siglo XXI) somos incapaces de pensar que en la antigua Grecia sí que se valorasen nuevas identidades o conceptos mucho más modernos que los nuestros? En este punto casi podemos imaginar a Judith Butler leyendo esto con una copa de vino y asintiendo: sí, el género es una actuación constante, pero a veces esa actuación es tan coherente que se convierte en la propia identidad. Es como una revelación de alguien del colectivo LGTBIQ+ incluso antes de que existiera este término (¿veis como no habíamos inventado nada?). Es una salida del armario en toda regla, con tu pareja delante y una nueva chica que hasta hace dos minutos pensaba que eras una mujer y ahora está aquí, sentada a su lado en la cama escuchando como dice que es un hombre, wow.

Hay que verlo como estos personajes actuales que desafían nuestras expectativas de género: Mulán poniéndose una armadura, Elliot Pages redefiniendo la visibilidad trans en las alfombras rojas... Si Safo nos dio la poesía de amor sáfico, del amor entre mujeres, Megila nos da la acción, la afirmación y sobre todo el drama. Por supuesto, tanto la narradora que es Leena como el autor Luciano lo presentan como una sorpresa y con toque de burla cuando se nos cuenta indirectamente parte de la historia griega oculta. De hecho, Leena insiste en preguntar si de verdad *"tiene lo que todos los hombres tienen"* y esto nos hace pasar a la siguiente parte de la historia, elemento que es quizá el más impresionante de la escena...

El dildo invisible: armas secretas del placer antiguo

Como hemos dicho, Leena sigue aferrada a la posibilidad de saber si de verdad Megila es un hombre como dice, con todo lo que implica serlo. De hecho, la acción de preguntar si tiene miembro varonil es una pregunta que resuena con la típica confusión de alguien que no entiende cómo funciona el sexo entre mujeres sin un pene; pero recordemos que Leena en ningún momento parece confusa o reacia ante el hecho de estar besándose con dos supuestas mujeres, en un principio. Así es como Megilo, con una confianza que se podría catalogar como "top" decide contestar:

"aquello no lo tengo, Leena, dijo, pero no lo necesito en absoluto; tengo una manera muy propia y mucho más agradable de hacer el amor, como vas a ver"

Paremos un momento, ¿habéis leído eso? ¿Habéis leído cómo Megilo dice textualmente, "no lo necesito en absoluto"? Parémonos un momento a reflexionar sobre la importancia que tiene esta revelación, es que ¿se está diciendo que para mantener una relación sexual no es necesario un pene? Pero esto no acaba aquí, y la clave de todo esto está en la siguiente frase, una joya para hablar de sexo lésbico en la antigüedad: "si no te fías de mí, dame una oportunidad, Leena, y te darás cuenta de que no me falta nada de lo que tienen los hombres, pues tengo una cosa a cambio de su virilidad, tú déjate hacer y lo verás". BOOM. Posiblemente esta es la frase que condensa todo el morbo, la transgresión y el misterio de la escena. Clonarión, que representa a la audiencia masculina que no entiende el deseo entre mujeres, ruega por más detalles: "¿y qué te hacía, Leena, y cómo lo hacía? Dime esto sobre todo". Pero Leena se niega porque está muy avergonzada.

Lectores: hemos caído en el truco, tan eficaz, de Luciano. Él jamás describe el instrumento. No lo nombra, no lo explica, ni nada. Lo deja suspendido en la creatividad del lector, como una sombra fálica posada sobre la imaginación del lector. Es, podríamos decir, el equivalente al emoji de la berenjena enviado sin contexto. Es un tómatelo como tú quieras; como si realmente tuviese un pene o algo por el estilo, o como el primer registro de una relación en la que se hace alusión al pene sin que este sea el centro de la relación sexual y en la que las personas tengamos "otros instrumentos" de placer. Hay que recordar que los dildos, llamados olisbos, ya existían en la Grecia clásica. Se hacían de cuero, madera o incluso a veces de pan. Eran utilizados por las mujeres para el placer propio y, al parecer, a menudo entre ellas también. Vamos, como nuestro *satisfyer* de ahora pero un poco más rudimentario (ya sabéis, cosas de la época). Pero os preguntaréis, ¿por qué Luciano lo insinúa en lugar de decirlo directamente? Pues en realidad es bastante sencillo: porque el hecho de nombrarlo podría haber sido demasiado para el gusto de la época, demasiado explícito (pero tranquilos, que para hablar de penes ya está la *Lisístrata* de Aristófanes). Mantener el misterio lleva al lector al pequeño rincón perturbado de su mente, en un rinconcito donde el misterio aumenta el morbo del lector y preserva la estructura cómica: el lector se escandaliza, se ríe un poco y sigue leyendo sin darle importancia (cuando claramente es una afirmación asombrosa y bastante llamativa). Claro, que lo importante de esto no es exactamente que Megila imite a un hombre, sino que crea su propio aparato de deseo; el instrumento, sea lo que sea, es lo que rompe la norma sexual. Quizás Luciano no nos cuenta qué es el instrumento porque ni él mismo lo comprende, pero lo que sí hace es demostrarnos que cuando las mujeres se aman sin permiso, sin normas y sin necesidad de traducción masculina, todo el aparto simbólico del deseo grecolatino se tambalea (y no solo el grecolatino, el nuestro mismo también). En esa cama de Atenas, en medio de la risa y el desconcierto de Leena, el falo se vuelve opcional, el género se vuelve accesorio y el escándalo se vuelve arte.

Leena, la cortesana hetero confundida: espectadora dentro del texto

Si Megilo es la figura transgresora de toda la historia, la que rompe con todos los estereotipos que tanto la sociedad clásica como nosotros seguimos teniendo, Leena representa a la audiencia cis-hetero masculina que no tiene ni idea de estos temas pero les llama la atención, igual que Leena que escucha plácidamente lo que Megilo tiene para contar e incluso participa activamente en la conversación haciéndole preguntas (que poco más y parece un interrogatorio). Sobre todo, destaca su pregunta hacia Megilo: ¿tienes lo que los hombres tienen y actúas con Demonasa como actúan los hombres? Y cuando Megilo le dice que no lo tiene y que tiene una forma *muuucho* más gratificante de hacer el amor, Leena insiste y le pregunta *"¿Entonces eres un hermafrodita con los atributos de ambos sexos, de los que se dice que hay muchos?"*. Esto es oro puro para nosotros. Es como si Leena fuera una *boomer* de ahora intentando entender el género no binario en una cena de Nochebuena o como cuando tu tío te pregunta: "¿ya tienes novio, ¿no?" Luciano usa el desconcierto para crear comedia y sátira, para introducir el morbo y la fascinación. Esto es lo que genera lo antinatural en lo dominante. Incluso la propia Leena confiesa que no entendía nada. Y es que también es normal. Vamos a imaginar que vivimos en la antigua Grecia, que de repente llegamos a una fiesta a trabajar porque nos han contratado; cuando llegamos allí dos aparentes mujeres quieren meterse en la cama con nosotras y encima nos dice una de ellas que no es mujer, que es hombre y que, para colmo, tiene un instrumento con el que hace maravillas. Pues claro, es que Leena estaría en *shock*, y más teniendo en cuenta que era mujer (es decir, un objeto que forma el mundo, para nada una persona válida en la sociedad griega de la época), que le están enseñando un tipo de relación amorosa-sexual de la que jamás había oído y si lo había hecho había sido como el peor de los escándalos posibles (el de ser lesbiana); y, por si fuese poco, resulta que alguien que parece ser una mujer dice sentirse como si fuese un hombre. Fue demasiada información para nuestra pobre Leena. Si su cabeza estuviese compuesta de los personajes de *Inside Out*, posiblemente habrían pulsado el botón de "emergencia, código rojo, a punto de la explosión" y corretearían por toda la sala las emociones de su cabeza.

Pero es que este personaje femenino no es solo la visión de la gente "confundida" con estos temas. También es el recurso que utiliza el autor para que el lector normativo se identifique y se produzca ese efecto de catarsis que al final acaba haciendo "gracia". Es como si todo nuestro mundo y todas nuestras concepciones se viniesen abajo gracias, y sí, gracias a la situación que Luciano presenta en este diálogo. A través de sus ojos se presenta este desconcierto sexual. Su frase final, "yo me dejé hacer, Clonarión, en vista de sus súplicas existentes (…)" es la frase que escuchas cuando la imaginación heteronormativa choca con la realidad queer. Es el momento en el que Leena se da cuenta de que todo su mundo entraba en conflicto con la nueva realidad de la que estaba siendo consciente. El momento en que te das cuenta de que, porque tú no hayas vivido o experimentado algo, no significa que eso no exista o que a alguien sí que le pueda pasar. Imaginaos a los griegos en este momento leyendo este diálogo. Habría una gran parte de ellos riendo a carcajadas con las "ocurrencias" de Luciano; pero otros tantos (u otras tantas) estarían sintiéndose identificados con esto que nunca antes se había nombrado y, a la vez, seguramente (tristemente) sintiéndose culpables al ser tan palpable el tono cómico que hay detrás. Igual que Leena al principio se sentía avergonzada, muchos lectores, no solo de la época griega sino de toda la historia, al haber leído esto seguramente se sientan identificados con Leena, incómodos ante algo que parece pertenecer a lo oscuro, lo remoto, lo perspicaz… mientras que otros sentirían la misma confusión que Leena al sentirse identificados con muchas de las cosas que plantea este texto.

Puede ser que Luciano de Samósata utilice a Leena para reírse de la ignorancia de la sociedad de la época y, en cierta manera, también del propio lector, aunque eso quizás solo lo podemos pensar los lectores de ahora por la concepción del mundo que tenemos. Leena nos enseña que la incomprensión ante las sexualidades no normativas y las identidades no es nueva; tiene siglos de historia. Y es que Leena no es como otros personajes que se han tomado todo lo ocurrido a risa, como si fuese una situación *supercómica*, sino que le ha dado el peso que merece; ha preguntado por mera ignorancia y desconocimiento y ha mantenido la seriedad y la compostura, dejándonos ver que a lo mejor ya había gente en esta época que, aunque en un principio costase (por ese choque de realidades), eran capaces de entender verdades y sentimientos tan reales como los que se exponen en el diálogo.

¿Broma o revolución?

Hemos hablado sobre Megila y su bomba de identidad y deseo, hemos visto a Demonasa ser el misterio de una relación sáfica y hemos visto a Leena con muchísimas preguntas. Pero ¿qué está haciendo realmente Luciano de Samósata con todo esto? ¿Cuál es su intención?

Está claro que el tono del diálogo es, sin duda, satírico, un juego, una provocación. El autor utiliza la comedia para tratar un tema "vergonzoso" para la época. Podríamos pensar que utiliza la risa, el chiste, lo cómico para desactivar la amenaza que una figura como Megila representa para las normas de género. Es como cuando en Roma se utilizaba a los esclavos como actores, porque ya de por sí eran motivo de risa y comedia para el resto de la población romana ya que no tenían el mismo valor que ellos, así que verlos ser sujeto de desgracias en escena es super gracioso (esclavos, de poco valor, lo cual es *súpergracioso* de por sí: sufriendo desgracias, todo doblemente gracioso). Así que, si nos ponemos durante un rato las gafas de la época, podríamos deducir que una de las posibles intenciones de Luciano era plantear un: "mira qué graciosa esta historia de estas mujeres tan graciosas, que tienen relaciones súper graciosas y que encima creen que pueden tener una buena relación sexual sin que haya un hombre que tenga pene, qué gracioso. Y encima imagínate que una de esas mujeres tan graciosas dice graciosamente que es un hombre, como si eso fuese posible".

Pues ahora imaginemos la otra cara del texto de Luciano, esa que a lo mejor a él no le gustaría mucho leer.

Y es que igual hay un trasfondo que va mucho más allá. El uso del humor puede ser un tipo de camuflaje para hacer una crítica a la realidad, o incluso una herramienta para visibilizar. A lo mejor Luciano era el "progre" de su tiempo y, o él había vivido estos conflictos internos o conocía a alguien que lo hacía y dijo: "¿que podré hacer yo para que una sociedad patriarcal me tome en serio y mi diálogo sirva para que, aunque ellos puedan reírse de ello (y así me dejen publicarlo sin censurarme) la gente que se sienta así vea que no están solo?". Y *PUM*, escribió esto. Asimismo, puede deducirse que, al poner por escrito el desconcierto de Leena, el autor subraya lo radical que era Megilo y, al mismo tiempo, introduce el morbo del que hablábamos antes y esa fascinación que lo que no es normativo genera en los pensamientos dominantes de la sociedad. La estructura cómica permite que comparemos esto con comedias actuales. Series que utilizan la risa y el escándalo, o incluso lo más criticado para colar discursos profundos sobre temas importantes como el género, sexualidad, identidad, política, machismo… Así se puede ver en series como Los Simpson, Bojack Horseman o La que Se Avecina, donde está

Antonio Recio y su homofobia latente (igual podría tener deseos reprimidos) o la bisexualidad de su hija Alba que a la vez es una mujer trans; también tenemos a Patty de los Simpson que revela que es lesbiana o Todd Chávez en Bojack Horseman que se declara asexual y es uno de los primeros personajes principales en una serie animada que lo hace.

Al igual que en *Lisístrata* se habla de una revolución sexual, aunque la palabra más repetida es literalmente "pene", seguramente el autor solo pretendía hacernos reír: pero con esto el resultado es un documento sobre la alteridad sexual en la Antigüedad. Con esto nos deja una joya sin pulir, un diálogo sin tapujos donde se exploran cosas que hasta hace bien poco no tenían nombre pero que, tal y como Luciano demuestra, son igual de antiguas que nuestra existencia. Igual todo el mundo debería leer literatura clásica para así darse cuenta de que ninguno de los temas que hoy en día se pone sobre la mesa y se convierte en objeto de debate es algo creado por las sociedades actuales que son super liberales.

Megila y Demonasa existen en el universo *queer*

Por suerte o por desgracia (lo dejamos a gusto del lector), hemos llegado al final de este capítulo. Quizás nunca sepamos con certeza si Megilo se veía a sí mismo como trans, como una drag king o simplemente como una lesbiana de manual, o quizás simplemente una mujer rica y aburrida con mucho carácter y ganas de revolución fuera de la norma. Tampoco sabemos nada de Demonasa pero parece una persona bastante tolerante, con una mente muy abierta (sobre todo teniendo en cuenta la época) y que vivía su vida sin importarle las opiniones del resto; quizás es la primera feminista constatada… quién sabe. Quizás tampoco sabremos nunca si Leena siguió quedando con estas dos personas entre las que reinaba la libertad (en todos los ámbitos) o se escandalizó al poco tiempo y jamás volvió a verlas. Pero lo que sí que sabemos, con total seguridad, es que puso nerviosa a más de una cortesana de Atenas.

Pensad que este diálogo es sobre todo un documento literario fascinante sobre una alteridad sexual. A través de la sátira y la provocación, introduce temas que para ese momento eran un completo tabú: la representación del deseo femenino entre mujeres, la subversión del género y la existencia de relaciones que desafían el modelo patriarcal del matrimonio ateniense. Podríamos pensar que Luciano usa la comedia y propicia la carcajada para "desactivar la amenaza que suponen las declaraciones de Megilo", que Leena representa la mirada juzgadora de la sociedad ante lo antinatural (o bien al revés, una mirada bastante liberal y que se queda con ganas de más). Pero incluso aunque esa fuera la intención de Luciano, consiguió visibilizar lo que normalmente se oculta, incluso hoy en día. Nos obliga a mirar el desconcierto normativo de Leena y así subrayar lo radical que era Megilo. Vamos, por un segundo, a pediros que penséis en esto (último esfuerzo): en un mundo donde el deseo femenino solía representarse como castigado y donde el sexo solo se entiende bajo la lógica fálica, aparece Luciano y afirma con su obra que un personaje femenino se acuesta con mujeres, tiene un instrumento y lo usa para hacer con las mujeres lo mismo que hacen los hombres. ¿No es este uno de los textos más revolucionarios jamás escritos?

A MI PERRO. *ODISEA* XVII

MARÍA DEL PILAR JAVIER IDIÁQUEZ

Tal hablaban los dos entre sí cuando vieron un perro que se hallaba allí echado e irguió su cabeza y orejas: era Argo, aquel perro de Ulises paciente que él mismo allá en tiempos crió sin lograr disfrutarlo, pues tuvo que partir para Troya sagrada. Los jóvenes luego se lo llevaban a cazas de cabras, cervatos y liebres, mas ya entonces, ausente su dueño, yacía despreciado sobre un cerro de estiércol de mulas y bueyes que habían derramado ante el porche hasta tanto viniesen los siervos y abonasen con ello el extenso jardín. En tal guisa de miseria cuajado se hallaba el can Argo; con todo, bien a Ulises notó que hacia él se acercaba y, al punto, coleando dejó las orejas caer, mas no tuvo fuerzas ya para alzarse y llegar a su amo. Éste al verlo desvió su mirada, enjugóse una lágrima, hurtando prestamente su rostro al porquero, y al cabo le dijo: cosa extraña es, Eumeo, que yazga tal perro en estiércol: tiene hermosa figura en verdad, aunque no se me alcanza si con ella también fue ligero en correr o tan sólo de esa clase de canes de mesa que tienen los hombres y los príncipes cuidan, pues suelen servirles de ornato. Respondístele tú, mayoral de los cerdos, Eumeo: "Ciertamente ese perro es del hombre que ha muerto [allá lejos y si en cuerpo y en obras hoy fuese lo mismo que era, cuando Ulises aquí lo dejaba al partirse hacia Troya, pronto echaras tú mismo de ver su vigor y presteza. Animal que siguiese a través de los fondos umbríos de la selva jamás se le fue, e igual era en rastreo. Mas ahora su mal le ha vencido: su dueño halló muerte por extraño país; las mujeres de él no se acuerdan ni le cuidan; los siervos, si falta el poder de sus amos, nada quieren hacer ni cumplir con lo justo, que Zeus el tonante arrebata al varón la mitad de su fuerza desde el día que en él hace presa la vil servidumbre". Tal habló, penetró en el palacio de buena vivienda y derecho se fue al gran salón donde estaban los nobles pretendientes; y a Argo sumióle la muerte en sus sombras no más ver a su dueño de vuelta al vigésimo año.

(*Odisea*, XVII, vv. 290-345)

Este pequeño fragmento de la *Odisea* se aparta de la imagen del héroe a la que estamos acostumbrados. No encontramos aquí al valiente que respondió a la llamada de la aventura de Troya, ni al astuto guerrero que luchó contra el ciclope Polifemo y sufrió la ira de Poseidón, ni siquiera al héroe que logró regresar con vida a Ítaca. Odiseo retorna a su reino transformado en un pobre y andrajoso mendigo, y lo hace porque necesita observar a sus enemigos, reunirse con sirvientes leales y planificar su venganza. Hasta aquí, la *Odisea* nos ha presentado al héroe legendario tal y como lo conocemos. Sin embargo, basta un breve instante para descubrir al ser humano que esconde; y ese instante se muestra a través de su querido y leal perro Argos, aquel cachorro que él mismo crió y dejó para ir a Troya. Ahora, Argos es un despojo canino, tirado sobre un estercolero, al que apenas le queda un hilo de vida. Aun así, nada le impidió reconocer a su amo. Argos mostró toda la alegría que aún quedaba en su maltrecho cuerpo: movió su cola, levantó las orejas e incluso usó sus últimas fuerzas para arrastrarse y saludar a su amo, pero desgraciadamente no pudo llegar. Odiseo llora por su perro sin ser visto por Eumeo, quizás por temor a ser reconocido, quizás por orgullo, por no querer mostrar debilidad. Lo trascendente de este breve instante se encuentra en la conmovedora emoción que ambos protagonistas muestran, que es de auténtica belleza poética. Seguidamente, Argos murió tranquilo; se diría que esperó a su dueño.

* * *

Este breve fragmento encierra una profunda lección sobre el vínculo existente entre las personas y sus mascotas en la antigua Grecia:

> *"Tiene hermosa figura en verdad, aunque no se me alcanza si con ella también fue ligero en correr o tan sólo de esa clase de canes de mesa que tienen los hombres y los príncipes cuidan, pues suelen servirles de ornato".*

Eumeo contesta:

> *"Animal que le siguiese a través de los fondos umbríos de la selva jamás se le fue, e igual era en rastreo".*

Inicialmente, estas líneas ponen de manifiesto la existencia de una raza de perros que pertenecía principalmente a un selecto grupo social, que los tenían como mascotas de capricho, y seguidamente, destaca la labor que desempeñaba Argos como perro de caza en el hogar de Odiseo.

Desde una perspectiva más general, en la antigua Grecia se distinguían varias categorías: por una parte, los perros vagabundos, los perros de carne comestible (concretamente, criados para consumo humano), y por otra parte, los perros que destacan por sus diferentes habilidades, perros de caza, como guardianes de rebaños, templos y hogares, perros de guerra y sacrificio y por ultimo de compañía. Es preciso tener en cuenta la dualidad con la que los griegos trataban a estos animales. Por un lado, el perro era considerado un animal impúdico, porque a pesar de no ser salvaje y estar presente en un entorno familiar, hace sus necesidades, se lame los genitales y practica actos sexuales sin el menor recato y a la vista de todos. Y por otro lado, como ya dije, los griegos valoraban la utilidad de estos animales como guardianes, cazadores, guerreros y compañeros. De igual manera, apreciaban las virtudes de lealtad y fidelidad, cualidades de las que hacía gala Argo, el perro de Odiseo.

Para que sirva de ejemplo, observemos las fábulas de Esopo, donde la imagen del perro guardián y de caza está muy presente:

> *Una zorra se metió por un rebaño de ovejas, cogió un cordero de los que aún mamaban y fingió acariciarlo. Un perro preguntó: ¿Qué estás haciendo? Lo cuido y juego con él., dijo. A lo que el perro contestó: Si no sueltas al cordero ahora mismo, te voy a dar yo caricias de perro.*

> (Hsr. 41, Ch. 36)

> *Un perro de caza, que había atrapado a una liebre, ora la mordía, ora le lamía los morros. Esta, cansada, le dijo:*

pero bueno, deja de morderme o de besarme, para saber si eres mi enemigo o mi amigo.

(Hsr. 139, Ch. 182)

Al igual que en otras civilizaciones, los antiguos griegos emplearon perros en la guerra. Eran canes pertenecientes a la robusta raza molosa, muy apreciados tanto para pastoreo como en el campo de batalla. De imponente tamaño, podían llegar a pesar cerca de ochenta kilos, poseían una complexión física ideal para desempeñar intervenciones de ataque y defensa. Por otra parte los perros formaban parte de una guerra psicológica, puesto que se comían los cuerpos de los soldados enemigos en los campos de batalla. Los griegos, por su particular mentalidad consideraban una humillación total no poder dar una digna despedida a sus soldados, ya que se creía que no podrían llegar al mundo de los muertos.

Asimismo, como lo demuestra este pasaje de la *Ilíada*, los griegos llevaban perros a la batalla. Aquiles, en los funerales por su amigo Patroclo, arrojó a dos de sus perros a la pira funeraria.

Añadió ánforas de miel y de aceite, que coloco apoyadas en el lecho funerario; cuatro caballos, de erguido cuello, puso, uno tras otro, en la pira entre grandes sollozos. Nueve perros tenía el soberano, que comían de su mesa; de ellos a dos los echó a la pira.

Ilíada, XXIII

La interacción cultural entre la Antigua Grecia y Roma llevó a que ambas civilizaciones, aunque con diferentes matices, se beneficiaran y reconocieran las cualidades de los perros. En Roma, así como en Grecia, según su situación nos encontramos con dos tipos de perros.

Por un lado, estaban los perros afortunados: mascotas de compañía y capricho que comen en plato y duermen en la cama de sus dueños, así como los perros de caza, los que forman parte de los espectáculos del anfiteatro, guardianes de rebaños y hogares, perros de guerra y sacrificio. Todos ellos, al menos, eran alimentados o comían de las sobras que dejaban sus dueños. Por otro lado, estaban los perros miserables, tan desgraciados como sus dueños y que comían cuando podían, o los vagabundos que deambulaban de un lado a otro buscando alimento.

En la Antigua Roma, los espectáculos en los anfiteatros formaban parte de la vida social de sus habitantes. Estos espectáculos incluían luchas con animales que eran muy populares. Marcial, en sus epigramas del *Liber Spectaculorum (Libro de los Espectáculos)* dejó constancia de perros que luchaban con animales de mayor tamaño e imitaban escenas de caza. Estos animales eran adiestrados para realizar este tipo de espectáculo ofreciendo entretenimiento al pueblo romano.

> *Perseguido por ágiles canes, un gamo corría, intentando con vueltas, rodeos, burlarles la pista. Suplicante a las plantas de César enfrena su huida, y a la tímida bestia perdona la fiera traílla.*
>
> *Por haber conocido a su príncipe tal don obtenía, porque César es dios, y si mano y fuerza benditas. Sí creedme, romanos: las bestias no dicen mentira.*

Marcial, Espectáculos.
Epigrama XXX

A su vez, los restos hallados en Pompeya ponen de manifiesto la presencia de los conocidos como *Canis Villatice* o perros guardianes que cuidaban las casas de las personas más adineradas, que también murieron durante la erupción. El testimonio más significativo está en los restos de un perro atado a la puerta de su casa. Igualmente los mosaicos de perros guardianes a la entrada de las viviendas con la célebre inscripción "*cave canem* "se utilizaban no solo como decoración o advertencia, sino para mantener alejado el mal de los hogares.

Los romanos al igual que los griegos tenían afición por los perros pequeños, tipo maltés, muy populares durante siglos en Grecia y conocidos como *Canis Catelli;* eran símbolo de estatus social de sus dueños, se empleaban sobre todo como perritos de compañía que forman parte de la familia, comían en la mesa y dormían en la cama de sus amos.

Los perros de caza siempre fueron muy apreciados tanto por griegos como romanos. Prueba de ello son los textos de Séneca, Virgilio o Marcial, así como las representaciones gráficas encontradas en los mosaicos de Pompeya o la Villa Romana de Casale en Piazza Armerina (Sicilia).

Estos animales eran conocidos como *canes venatici.* disponían de cualidades como la velocidad y el olfato agudo, que le permitían conseguir la pieza. Asimismo, su lealtad y honestidad eran de tal magnitud que nunca se comían la pieza, sino que la llevaban en la boca hasta las manos de los cazadores. Según sugiere Marcial en este epigrama, la perra Lidia fue criada y adiestrada por entrenadores del anfiteatro. Por lo tanto, podemos deducir que los perros de caza podían ser formados en los anfiteatros.

Criada entre los entrenadores del anfiteatro, cazadora, intratable en el bosque, cariñosa en casa, me llamaba Lidia, fidelísima a mi dueño Dextro, que no hubiera preferido tener la perra de Erígone, ni el de raza cretense que, siguiendo a Céfalo, llegó con él hasta la estrella de la diosa que trae la luz. No se me llevó una larga sucesión de días, ni la edad inútil, como fue el destino del perro de Duliquio. Me mató el fulminante colmillo de un jabalí con espumarajos, tan grande como el tuyo, Calidón o el tuyo, Erimanto. Y no me quejo, aunque fui enviada prematuramente a las sombras infernales: no pude morir con una muerte más noble.

(Epigr. XI, 69).

Los romanos utilizaron de manera más activa que los griegos los perros para tácticas militares. Por una parte, ejercieron un correcto entrenamiento del perro para la guerra y por otra, eran bien protegidos contra las flechas enemigas con placas de cuero. Las legiones romanas al igual que el ejército griego, empleaban principalmente molosos grandes y fuertes, de potente musculatura y grandes colmillos. Estos perros eran conocidos como *canis pugnacis*, sus funciones iban desde la guardia de campamentos, rastreo y ataque.

Así decía Plinio el viejo en su *Historia Natural*:

Doscientos perros devolvieron del destierro al rey de los garamantes, luchando contra los que se les enfrentaban. Con vistas a las guerras los colofonios y los castabalenses tenían tráillas de perros. Éstos luchaban los primeros en la línea de combate sin retroceder nunca: constituían las tropas auxiliares más fieles y sin necesidad de soldada. Cuando los cimbros fueron muertos, sus perros defendieron a sus familias que estaban montadas en los carros

(Plinio, H. Nat., Libro VIII)

Como se mencionó anteriormente, la utilización de perros en rituales religiosos o supersticiosos era una práctica común en la Antigua Grecia. Prueba de ello son las honras fúnebres de Patroclo en la que Aquiles sacrifica a dos de sus perros. Así como en otros aspectos, los romanos heredaron estos rituales. La mentalidad de entonces creía que los perros no solo eran capaces de proteger a los humanos en el mundo terrenal, sino que también eran capaces de defenderlos de los malos espíritus. Por lo tanto, su función va más allá de lo terrenal y se criaban y sacrificaban perros en rituales religiosos como la *suplicia canum*, que era un sacrifico anual de extrema crueldad con estos animales.

Las sociedades griega y romana tenían una actitud contradictoria con los perros. Sin ser demasiado rigurosa, tengo que admitir que prácticas como los sacrificios en rituales, espectáculos en los anfiteatros o incluso su uso como alimento hoy son inadmisibles, pero en aquel tiempo eran comunes. No obstante, nuestra sociedad del siglo XXI también ha heredado de estas culturas un doble rasero en el trato y uso de estos animales.

Prueba de ello es que valoramos la lealtad y la protección de los perros, pero todavía hoy, al igual que nuestros antepasados utilizamos la palabra "perro" o "perra" como un insulto, de manera que se sigue asociando a la idea de animal impuro que se tenía desde la época de la Grecia Antigua.

Aunque ya no sacrificamos perros en ningún templo, se matan en nombre de la ciencia. Asimismo, los perros siguen presentes en los campos de batalla, peleas ilegales… y los perros de caza son abandonados cuando no son productivos. Sin embargo al igual que griegos y romanos nos beneficiamos ampliamente de su valor, lealtad, fidelidad y generosidad. Actualmente son indispensables en labores de salvamento en las que son capaces de dar su vida.

Afortunadamente, también hemos heredado la capacidad de formar vínculos afectivos con ellos, como ocurre en el claro ejemplo de la emotiva escena de Odiseo viendo a su perro Argos moribundo tirado sobre un montón de estiércol. Homero posiblemente utilizó este recurso para mostrar metafóricamente la situación de su reino. El perro que una vez fue fuerte y veloz, sin Odiseo es un perro viejo moribundo y abandonado, incluso despreciado por los sirvientes. Del mismo modo, Ítaca se encuentra en decadencia desde que no está Odiseo. Su casa está plagada de pretendientes que se aprovechan de todo, igual que su perro está lleno de pulgas. Argos muere cuando Ítaca empieza a ser recuperada (sobre esta función del simbólica del perro, cf. PICKLESIMER 1997). Aunque han pasado muchos años, Odiseo se entristece por la pérdida de Argos, el único que lo reconoce y se alegra de verlo, mostrándose como su fiel compañero.

Los antiguos griegos y romanos ya manifestaban gran tristeza por la pérdida de sus mascotas. Muestra de ello son los delicados epitafios (como el que cierra este capítulo) llenos de cariño que los dueños dedicaban a sus mascotas, así como la existencia de textos grabados en lápidas donde muestran el dolor y el vínculo afectivo que tenían con sus mascotas. Al igual que ellos, este abatimiento sigue presente en nosotros cuando nos enfrentamos a la pérdida de nuestros compañeros.

La perrita Isa

Isa es más picaruela que el gorrión de Catulo.

Isa es más pura que el beso de una paloma.

Isa es más cariñosa que todas las niñas.

Isa es más preciosa que las perlas de la India

Isa es la perrita de Publio, sus delicias.

Si se queja, creerás que habla.

Siente la tristeza y el gozo.

Apoyada sobre su cuello, se recuesta y coge el sueño,

de suerte que no se la oye ni respirar.

Y, obligada por la necesidad del vientre,

jamás ha ensuciado ni con una gota un cobertor,

sino que llama la atención delicadamente con su patita

y avisa que la bajen del diván y pide que la suban.

Hay tanto pudor en esta casta perrita,

que no conoce a Venus y no hemos encontrado

un marido digno de tan delicada doncella.

Para que el día supremo no se la robe del todo,

Publio la ha retratado pintada en una tabla:

en ella verás una Isa tan semejante,

que ni ella misma es tan parecida a sí misma.

En una palabra: si pones a Isa junto a su retrato,

ora pensarás que las dos son la de verdad,

ora pesarás que las dos son su retrato

(Marcial;

Epigrama I, CIX)

HERACLES: HONOR Y AMOR

Sofía Blázquez Rincón

HERACLES.– *(Reconoce a Anfitrión.)* Padre, ¿por qué lloras y cubres tus ojos al acercarte a tu hijo más querido?

ANFITRIÓN.– ¡Oh hijo! Pues hijo mío eres, aun en la desgracia.

HERACLES.– ¿Es que me sucede algo lamentable y por esto lloras?

ANFITRIÓN.– Algo que hasta un dios que lo sufriera lloraría.

HERACLES.– Hinchado es tu lenguaje, mas de mi suerte aún no has dicho nada.

ANFITRIÓN.– Tú mismo lo estás viendo, si es que ya estás en tu sano juicio.

HERACLES.– Dímelo, si significa algo nuevo en mi vida.

ANFITRIÓN.– Si ya no eres un bacante de Hades te lo diré.

HERACLES.– ¡Ay! Sospechoso resulta esto que has dicho hablando de nuevo con enigmas.

ANFITRIÓN.– Estoy comprobando si tu juicio es firme de verdad.

HERACLES.– No recuerdo haber tenido la mente enloquecida.

ANFITRIÓN.– *(Dirigiéndose al Coro.)* Ancianos, ¿desato las ligaduras de mi hijo o qué hago?HERACLES. — Sí, y dime quién me las ató, pues me producen vergüenza.

ANFITRIÓN.– *(Desatándolo.)* Tamaños son los males que conoces; deja el resto.

HERACLES.– ¿Es que basta el silencio para saber lo que quiero?

ANFITRIÓN.– Zeus, tú que estás sentado en tu trono junto a Hera, ¿ves esto?

HERACLES.– ¿Pero es que he sufrido algún ataque desde allí?

ANFITRIÓN.– Deja a la diosa y atiende a tus males.

HERACLES.– Estoy perdido; va a consumirme alguna desgracia.

ANFITRIÓN.– Mira, contempla a tus hijos caídos.

HERACLES.– *(Se levanta)* ¡Ay mísero de mí! ¿Qué visión es ésta que contemplo?

ANFITRIÓN.– Hijo, has declarado a tus hijos una guerra sin nombre.

HERACLES.– ¿A qué guerra te refieres? ¿Quién ha matado a éstos?

ANFITRIÓN.– Tú y tu arco y quien de los dioses sea culpable.

HERACLES.– ¿Qué dices? ¿Qué he hecho? ¡Oh padre, heraldo de desgracias!

ANFITRIÓN.– Estabas loco. Me pides una aclaración que duele.

HERACLES.– Entonces soy yo también el asesino de mi esposa?

ANFITRIÓN.– Todo esto es obra de tu solo brazo.

HERACLES.– ¡Ay, ay, me envuelve una nube de lamentos!

ANFITRIÓN.– Por eso lamento tu suerte.

HERACLES.– ¿Acaso destruyó también el palacio la diosa que me enloqueció?

ANFITRIÓN.– Sólo sé una cosa: todo lo tuyo se torna en infortunio.

HERACLES.– ¿Y dónde me alcanzó el aguijón? ¿Dónde acabó conmigo?

ANFITRIÓN.– Cuando purificabas con fuego tus manos junto al altar.

HERACLES.– ¡Ay de mí! ¿Qué me importa la vida cuando soy el asesino de mis queridos hijos? ¿No iré a saltar desde una roca escarpada o a arrojar la espada contra mi vientre para vengar en mí la muerte de mis hijos? ¿O quemaré mis carnes con el fuego para apartar de mi vida el deshonor que me aguarda?

(Ve acercarse a Teseo por la izquierda con un grupo de seguidores)

Mas he aquí que se acerca Teseo, pariente y amigo mío, estorbando mis proyectos de muerte. ¡Me verá y la mancha del parricidio saltará a los ojos del más querido de mis huéspedes! ¡Ay de mí! ¿Qué haré? ¿Dónde podré hallar un lugar solitario para mis males? ¿Iré hacia el cielo o debajo de la tierra? Vamos, voy a envolver mi cabeza en la oscuridad pues siento vergüenza de los males que he perpetrado. Y ya que he traído hacia mí la sangre culpable de esto, niños, no quiero perjudicar a quienes son inocentes.

> *(Se sienta entre los cadáveres acurrucándose y cubierto por el manto.)*

> (*Heracles*, vv. 1111-1162,
> Eurípides)

Heracles es una de esas piezas de datación incierta, pero más allá del dato cronológico lo significativo es cómo Eurípides, fiel a su estilo subversivo, reelabora el mito en una clave dramática profundamente original. Su primera representación se produce durante la festividad de las Grandes Dionisias, una de las celebraciones más importantes de la Atenas antigua que se celebraba anualmente en marzo o abril e incluía, entre otras actividades, competiciones de tragedia y comedia. Eurípides presentó *Heracles* como parte de la competición teatral, pero la obra no logró alcanzar el primer puesto. A pesar de la reputación del autor la tragedia quedó en tercer lugar.

La estructura de la obra es compleja y sugestiva. Durante la ausencia de Heracles, que ha descendido al Hades para cumplir su último trabajo (capturar a Cerbero), el trono de Tebas es usurpado. Lico, el tirano, asesina al rey Creonte y pretende eliminar a toda su estirpe: Mégara, esposa de Heracles, sus hijos y el anciano Anfitrión. Estos se refugian en el altar de Zeus Salvador, invocando protección. Pero el dios no responde. Cuando Heracles regresa, en un momento de absoluta *hybris* restituye el orden mediante la violencia: mata al usurpador y rescata a su familia. El clímax parece alcanzado. La *catarsis,* garantizada. Pero entonces Eurípides revierte la esperanza. Hera, rencorosa, envía a Iris y a Lysa, personificación de la locura, para que tomen la mente del héroe. Heracles, sin conciencia de sí, ve enemigos donde no los hay. Mata a sus hijos y probablemente también a Mégara. Cuando recobra el juicio el descubrimiento de los cadáveres lo empuja al borde del suicidio. Y justo ahí aparece Teseo, su amigo, quien con sus palabras y presencia impide la muerte y propone un nuevo comienzo en Atenas.

> *«Me repugna que los amigos dejen envejecer el agradecimiento; me repugna quien quiere gozar de lo bueno, mas no navegar en la misma nave del amigo que sufre infortunio.»*

(Teseo)

Eurípides no solo altera la cronología tradicional del mito (donde el infanticidio precedía a los trabajos) sino que reconfigura la noción de heroicidad. Heracles alcanza el cénit de su gloria antes de precipitarse en la abyección. El orden es verdaderamente significativo: del triunfo a la ruina. De la gloria a la culpa. De la leyenda al vacío. Pero este Heracles no es el comilón tosco y brutal de otras versiones. Es un ser idealizado: buen padre, esposo fiel, hijo respetuoso, defensor de los débiles. Pero también es, en su abismo, el reflejo de lo que los hombres más temen: perder el control de sí, cometer lo imperdonable y cargar con el peso de seguir vivos. Incluso en los momentos de aparente alivio, Eurípides siembra ambigüedad. Anfitrión, el anciano padre, critica a Zeus con una valentía que raya en lo sacrílego. Pero cuando su hijo yace dormido, teme que despierte y vuelva a matar. Su pánico roza lo cómico. El espectador atrapado entre el horror y la risa nerviosa asiste a la transgresión del tono.

Teseo, por su parte, afirma que no hay impureza en ayudar a un amigo. Y Heracles, en uno de los momentos más irónicos del drama, defiende a los dioses de los rumores sobre sus vicios. Lo hace ignorando (y nosotros sabiendo) que él mismo ha sido víctima de su crueldad. La diferencia de perspectiva es esencial. El público ha visto lo que Heracles aún no sabe. Esa tensión trágica entre conocimiento y desconocimiento es, quizá, la herida más profunda que deja esta obra.

El de Heracles es uno de los mitos más antiguos y ambiguos de la tradición griega. No pertenece solo a los ciclos heroicos sino también al folclore panhelénico. Aparece tanto en cantos homéricos como en ánforas populares constituyendo una figura civilizadora, protector de la humanidad frente al caos y los monstruos. Fue domesticador de la naturaleza e instaurador de límites, pero esa dimensión de héroe cultural convive con otra: la del hombre marcado por el exceso y la violencia. En algunos relatos se presenta a un Heracles que mata por error, por impulso; por una mezcla inestable de fuerza y descontrol. En definitiva, una tóxica intersección entre heroicidad, destino y locura divina.

Entre sus diversas funciones el teatro se constituye como lugar de revelación donde el delirio de los dioses se inscribe, sin redención posible, en el cuerpo del hombre. Heracles es un héroe paradigmático. Su fuerza extraordinaria lo consagró como domador de bestias, fundador de ciudades, guía de caminos; pero su violencia, difícil de contener incluso para él mismo, lo convirtió también en figura de sospecha, de exceso y desmesura. El mito lo presenta como ese hijo de Zeus nacido del engaño, perseguido por Hera y protagonista de los doce trabajos que han marcado para siempre la imaginación colectiva de Occidente. Pero sus trabajos no solo exigen fuerza, también ingenio, resistencia y una voluntad inquebrantable ante lo sobrehumano.

Es, por antonomasia, el héroe que purga la tierra de monstruos y desorden, un restaurador del orden cósmico. En las versiones tradicionales su gloria se traduce en apoteosis: sufre, lucha, triunfa y es elevado al Olimpo. Pero Eurípides, como era su costumbre, rompe con la narración heroica lineal. En su *Heracles* el protagonista no regresa del Hades coronado de gloria sino que emerge del infierno para vivir otro infierno: el de su mente.

La obra comienza *in medias res*. Heracles está ausente mientras su familia está a punto de ser ejecutada por el tirano Lico. El espectador sabe que Heracles está en el Hades cumpliendo su último trabajo: capturar a Cerbero. La tensión inicial presenta ya un Heracles invisible, casi más mito que presencia.

Cuando por fin aparece es un salvador: mata a Lico, restituye el orden y reúne a su familia. Pero esta restitución dura apenas unos versos. Iris y Lysa, la locura personificada, descienden a escena enviadas por Hera. La diosa, eterna enemiga de Heracles por ser fruto de una infidelidad de Zeus, no se conforma con obstáculos físicos: ahora quiere desintegrar su psique. En este punto Eurípides introduce un elemento de extraordinaria audacia teológica: la locura enviada por los dioses no es castigo por una falta moral, sino consecuencia del rencor arbitrario de una deidad. Hera castiga a Heracles no por injusto, sino por ser hijo ilegítimo de su esposo. La tragedia no es en su totalidad el resultado de una *hybris* humana, sino también de un conflicto entre poderes divinos.

Lysa aparece como un daimon subordinado, forzado a ejecutar el deseo de una diosa poderosa. *«Yo no quiero dañar a los hombres cuerdos»,* dice, pero obedece. El héroe es entonces invadido por un frenesí enajenado y comete la atrocidad. Es una de las pruebas de que la locura de Eurípides no es una mera pérdida de juicio sino más bien una forma de suspensión del yo, una expropiación violenta del sujeto por parte del cosmos. El hombre ya no se pertenece.

Tras el asesinato Heracles despierta de su frenesí. Anfitrión, su padre, ha escondido los cuerpos y cuando el héroe pregunta por su familia el silencio es desgarrador. La revelación del crimen cometido con sus propias manos, sin voluntad ni conciencia, deshace al héroe desde dentro. Es entonces cuando Eurípides traza una de las escenas más conmovedoras de la tragedia antigua: Heracles, el invencible, el semidios, quiere suicidarse. Pide una espada. No por cobardía sino por honor. Porque si ha matado a su familia, aunque no haya sido en pleno uso de su razón, su vida ha perdido sentido. Pero Teseo, su fiel amigo, lo detiene. Es salvado por la amistad. Teseo lo invita a vivir con él en Atenas, a reconstruirse desde el dolor. Es un descenso al infierno mucho más patente que el del Hades: el infierno de la culpa.

En otras tragedias como *Suplicantes* y *Los Heraclidas* la figura de Teseo y la presencia de Atenas también surgen en momentos clave. Son irrupciones silenciosas que aparecen como posibilidad de amparo. Quizá no se trate de ensalzar a Atenas sino de insinuar que, cuando el heroísmo se agota, todavía queda el gesto humano: la compasión, la palabra, la compañía.

No obstante en *Heracles* el giro es más íntimo y doloroso. El héroe no lucha por la polis sino por su casa, y cuando parece haber salvado a su familia la verdadera tragedia apenas comienza. Hera, símbolo del poder divino injusto, interviene y convierte la victoria en tragedia. Lo significativo no es solo que Heracles enloquezca sino que el retorno a la cordura no trae el anhelado alivio, más bien la necesidad de cargar con el horror. Eurípides, en plena madurez, confronta la ética del poder con la vulnerabilidad del individuo. La elección de Teseo como contrapunto (el amigo que salva, el rey racional) subraya también el contraste entre el pasado heroico y una nueva ética cívica basada en la solidaridad. No es Zeus quien salva a Heracles sino Atenas a través de un gesto humano. Esta perspectiva resuena especialmente si se considera que la tragedia fue escrita poco antes o durante la guerra del Peloponeso (431-404 a.C.), precisamente cuando el ideal democrático ateniense comenzaba a agrietarse.

Heracles conserva la fuerza telúrica del mito reinterpretado como drama existencial. No hay escapatoria mágica ni finales felices: hay desgarro y una tenue forma de resistencia humana. Y es que Heracles no es solo un héroe quebrado; es el espejo de una polis en crisis, de un pensamiento trágico que ya no busca consuelo en los dioses sino en la lucidez compartida por hombres que, incluso destruidos, siguen eligiendo no claudicar. Es una tragedia de clarividencia. Y lo que Eurípides revela no es la fragilidad de un héroe, sino la del mundo que lo produjo.

Eurípides fue quizá el más inquietante de los trágicos. Mientras Esquilo glorificaba el destino y Sófocles celebraba la dignidad del héroe ante la fatalidad, Eurípides desnudaba las grietas del relato heroico. Herederas del logos sofístico y del escepticismo emergente sus obras plantean preguntas sin respuesta, pues Eurípides no ofrecía consuelo, ofrecía conciencia.

Representar *Heracles* en el escenario griego del siglo V a. C. suponía un desafío singular, precisamente el de representar la locura, el delirio y el desgarro mental sin caer en lo grotesco ni banalizar lo trágico. La acción más violenta (el asesinato de los hijos) no se representaba directamente, sino que ocurría fuera de escena y era comunicada por mensajeros o personajes secundarios, un recurso clásico que intensificaba el horror mediante la imaginación del espectador. Era el momento del clímax trágico. Luego el disfraz, la máscara y el gesto corporal tenían un papel fundamental. La entrada triunfal de Heracles, con su indumentaria de piel de león y su clava, debía contrastar brutalmente con su posterior derrumbe sin necesidad de alterar el vestuario: bastaba el temblor del cuerpo, la voz quebrada y el silencio para mostrar la caída. El coro, presente durante toda la obra, no solo acompañaba la acción sino que canalizaba la reacción colectiva ante el horror.

La tragedia de *Heracles* es, en el fondo, la tragedia de la condición humana ante lo incontrolable. Platón en *La República* desconfiaba de Eurípides por retratar a los dioses como injustos y a los héroes afligidos. Pero Eurípides no es irreverente sino crítico. Heracles no es menos héroe tras su crimen, al contrario, se vuelve más humano. No hay catarsis en su dolor sino una amarga lucidez. El ideal heroico en *Heracles* está construido sobre un precio impagable: el del cuerpo explotado, la mente ultrajada y el alma marcada por una culpa que no le pertenece. Eurípides no destruye al héroe; lo hace vulnerable y lo obliga a vivir.

Pocos personajes trágicos del teatro griego se vuelven tan espeluznantemente actuales como este Heracles quebrado. Eurípides escribe para un siglo V a. C. devastado por la guerra del Peloponeso, por las pestes y la inestabilidad política. Su Heracles no es simplemente un estudio de personaje, es el espejo de una polis herida: un individuo que ha llevado su cuerpo al límite por el bien común y que, sin embargo, regresa roto, incapaz de reconocerse a sí mismo. Este Heracles no es el que salva al mundo, pues en cierta parte lo destruye y luego queda atrapado en los escombros de su conciencia. La tragedia actúa como una forma de pedagogía crítica al mostrar que incluso el más fuerte puede ser derribado por fuerzas irracionales y externas. Desde luego Eurípides cuestiona las expectativas de invulnerabilidad impuestas sobre el individuo en tiempos de crisis. Es por ello que la locura de Heracles puede leerse como una metáfora del trauma colectivo: los soldados que regresan de la guerra y no encuentran paz, los líderes que colapsan bajo la presión de ideales imposibles, los ciudadanos que enloquecen al ver que los dioses del sistema no ofrecen justicia.

Eurípides no se preocupa por ofrecernos la típica redención en el sentido clásico. No hay restauración del orden, no hay castigo divino ni oráculo reparador. Lo que hay es un cuerpo vivo, una mente desgarrada y una mano amiga.

La tragedia no culmina con una muerte gloriosa, sino con un exilio compartido: Heracles se va con Teseo, cargando con el peso de su conciencia lejos de Tebas y lejos de su pasado. Este trágico nos obliga a mirar de frente lo que queda cuando el héroe deja de ser mito: un hombre que, aun tambaleante, sigue caminando. En el eco de esta tragedia cada lector contemporáneo puede reconocer la lógica de sus propios miedos: la locura como disolución del yo, el dolor como prueba de lo vivido y la amistad como único puente posible hacia la esperanza.

Heracles no olvida. No puede. Su tragedia no culmina en el crimen, lo hace en el recuerdo. Esa memoria que otros héroes épicos quizá relegarían al silencio o al canto heroico aquí se transforma en lastre y en motor. Eurípides subvierte el relato del héroe clásico que sufre, triunfa y olvida. Heracles no se redime por matar a su esposa e hijos; sobrevive con ello. Eurípides nos dice que la heroicidad no reside en la fuerza sino en la capacidad de cargar con lo insoportable y, aun así, seguir. No hay justicia divina que compense, ni oráculo que explique. Solo queda el residuo del dolor y el vivir, sí o sí, por encima del mismo.

¿CIENCIA FICCIÓN ANTES DE LA CIENCIA FICCIÓN?

PARODIA Y *PARADOXA* EN LOS *RELATOS VERÍDICOS* DE LUCIANO

DANIEL DI PRIMO

Se alcanzó una brillante victoria: muchos fueron apresados vivos, y muchos abatidos; la sangre fluía abundante por las nubes, hasta teñirse de color rojo, como en nuestras puestas de sol; abundante también se derramó sobre la tierra, de manera que yo supongo que algo semejante debió de ocurrir antaño en las alturas, cuando Homero creyó que Zeus había hecho llorar sangre por la muerte de Sarpedón.

(Relatos Verídicos, 1. 17. Luciano de Samósata)

Estamos en el Imperio Romano del siglo II d.C. Un exabogado sirio llamado Luciano, que desde hace muchos años ejerce la profesión de retórico y escritor con gran éxito y de forma prolífica, empieza a escribir su enésima obra, un libro dirigido a los estudiantes que, cansados de tanto estudio, quieran hacer una pausa de las lecturas exigentes y dedicarse a algo más ligero, que podríamos definir como "de evasión". Es una obra llena de extrañas invenciones y de alusiones paródicas a autores griegos reales que, por su trama y sus motivos, es considerada hoy por muchos como uno de los primeros ejemplos de literatura de ciencia ficción. Aunque hable de hechos nunca ocurridos, su paradójico título es *Una historia verdadera*, o *Relatos verídicos*.

Es verdad que es difícil pensar en un antepasado grecorromano de *La guerra de las galaxias* y de *El Eternauta*, y si bien Luciano no creó un género literario llamándolo realmente "ciencia ficción" y estableciendo sus reglas formales, su influencia fue enorme para aquella que los modernos llamamos ciencia ficción. Es también verdad que cada definición es una simplificación y que no existe una definición exacta de "ciencia ficción" que pueda hacer felices a todos:[5] curiosamente, Wikipedia tiene una página entera dedicada a las diferentes definiciones, algunas muy precisas y metódicas, otras irónicas, pero igualmente esclarecedoras, dadas por diferentes autores del siglo pasado, como Isaac Asimov, Ray Bradbury, Arthur C. Clarke, Philip K. Dick. Juzgar a Luciano según criterios críticos modernos, poniéndolo al lado de estos nombres o de incluso los de H. G. Welles, Jules Verne,

---

5. Una definición en Gallego, Eduardo; Sánchez, Guillem (2003). «¿Qué es la ciencia ficción?», https://www.ciencia-ficcion.com/opinion/op00842.htm (última consulta: 30/05/2025): "La ciencia ficción es un género de narraciones imaginarias que no pueden darse en el mundo que conocemos, debido a una transformación del escenario narrativo, basado en una alteración de coordenadas científicas, espaciales, temporales, sociales o descriptivas, pero de tal modo que lo relatado es aceptable como especulación racional".

Cyrano de Bergerac o Jonathan Swift seguramente parece extraño. Por otro lado, probablemente nos haría merecedores de su desaprobación: los grandes debates sobre minucias filológicas, sobre las cuales trabajaron los más importantes gramáticos y filólogos de la edad del oro de la Biblioteca de Alejandría, a menudo fueron víctimas de la mordacidad de Luciano, también en los *Relatos verídicos.*

La paradoja, quizás solo aparente, es que en los *Relatos verídicos* ya hay muchísimo del repertorio de la ciencia ficción moderna. Por obvias razones no hay reelaboraciones sobre tecnologías futurísticas, cyborgs o inteligencia artificial, pero todos los grandes temas relativos al espacio están ya presentes.

Hay un viaje en el espacio, no con la Millennium Falcon sino con una normal nave griega, hecha de madera, marineros, remos y velas, lanzada por un fuerte huracán lejos de la Tierra y hasta la Luna. Ahí, Luciano y sus hombres conocen poblaciones nunca antes conocidas, tal y como podía imaginarlas un ciudadano romano del II siglo (y por eso muy diferentes de las que podemos imaginar hoy). Estas poblaciones se están preparando para una guerra: el rey del Sol ha declarado guerra a los habitantes de la Luna para impedirles colonizar el planeta Venus, y así se llega a las manos. Luciano tiene la suerte de participar en la guerra combatiendo con los "selenitas", o "lunares", y de poder contar muy detalladamente todo sobre los ejércitos. ¿Dónde tiene lugar la batalla? ¡Sobre las nubes, naturalmente! Y sobre telarañas gigantes especialmente creadas por el evento.

De hecho, Luciano habla de decenas de miles de "cabalgabuitres", de jinetes sobre "plumaverdes", un pájaro de su invención que "en vez de plumas, está cubierto enteramente de hortalizas, y sus alas son en extremo semejantes a las hojas de lechuga". Habla de "lanzamijos" y de "ajoguerreros", de los "aliados del rey de la Osa Mayor", que son "treinta mil pulgarqueros y cinquenta mil voladores". Los pulgarqueros "cabalgan sobre pulgas enormes" de tamaño equivalente "al de doce elefantes". Los voladores "se deslizan por el aire sin alas" y "remangan sus túnicas talares, inclinándolas al viento como velas, y se deslizan al igual que las embarcaciones". El ejército del Sol está encabezado por el rey Faetón y no es menos extraordinario por la fuerza y la extravagancia de sus soldados. Hay "cabalgahormigas […] animales muy grandes, alados, semejantes a pletros", que combaten "no sólo sus jinetes, sino ellos mismos, en especial con sus antenas"; los "aeromosquitos […] arqueros sobre grandes mosquitos", los "aerodanzarines", que "a larga distancia disparaban a honda rábanos gigantes, y quien resultaba alcanzado no podía resistir un momento, pues fallecía, y su herida desprendía mal olor —se decía que untaban sus proyectiles de veneno de malva—". Después están los "tallohongos", así llamados "porque usaban las setas como escudos, y tallos de espárragos como lanzas", y los "perrobellotas, enviados por los habitantes de Sirio, cinco mil hombres con rostro de perro, que combaten sobre bellotas aladas".

La descripción continúa, y podría continuar hasta el infinito con este juego de la invención de nuevos nombres compuestos de soldados monstruosos, todos dignos de una batalla tan épica y ruinosa. En un momento en el cual el ejército de la Luna parece prevalecer, Luciano se detiene y observa una funesta maravilla, permitiéndose repensar sus lecturas de Homero, aquella con la que se abre este capítulo.

Aquí Luciano hace referencia a unos versos de la *Ilíada*, en los que Zeus tiene que aceptar que su hijo Sarpedón, el rey de Licia, tendrá que morir, vencido por Patroclo en un duelo: el padre de los dioses, por el dolor que siente, hace bajar desde las nubes una lluvia roja de sangre[6]. En este fragmento está encerrado el sentido de los *Relatos verídicos* de Luciano: fantasía e invención por supuesto, pero se juega siempre con las referencias literarias, para el lector del siglo II. En este caso de la referencia al decimosexto libro de la *Ilíada*, los lectores de dos mil años después comprendemos claramente de qué evento mitológico habla Luciano, pero muchísimas otras alusiones en el entramado del texto son oscuras para nosotros, quizás incluso imperceptibles sin que lo sospechemos.

En particular, en el proemio de los *Relatos verídicos* Luciano explica bien su programa: permitirse contar mentiras como hicieron muchos antes de él, con la sola diferencia de que él admite expresamente que está mintiendo ("pues al menos diré una verdad al confesar que miento"). ¿Con quiénes la tiene tomada nuestro Luciano?

Algunos nombres son explícitamente indicados en el proemio. Ctesias de Cnido, Yambulo y… el Ulises de Homero.

Ctesias es aquel "que escribió sobre la India y sus peculiaridades aquello que él personalmente jamás vio, ni oyó de labios fidedignos". Fue un médico griego nativo de Cnido, en Asia Menor, que estaba al servicio del Gran Rey de Persia entre los siglos V y IV a.C. y que escribió una *Historia de los Persas* (o *Pérsica*), y una *Historia de la India* (o *Índica*). Esta última es el objeto de la parodia de Luciano, porque en ella Ctesias informó sobre tradiciones orales recibidas por viajeros que habían estado en al subcontinente indiano. Por desgracia, hoy poseemos solo fragmentos, menciones y resúmenes de estas obras.

---

6. *Il.* 16.459-462: "Así habló, y no desobedeció el padre de hombres y dioses, / que derramo sobre la tierra sanguinolentas gotas / en honor de su hijo, al que Patroclo iba a matar / en Troya, de fértiles grebas, lejos de su patria".

El otro nombre es el de Yambulo, que escribió "muchos relatos extraños acerca de los países del Gran Mar". El Gran Mar es el Océano Índico y el viaje del que Yambulo cuenta parece a los estudiosos ser una narración utópica, en consonancia con otros autores de la edad helenística. Lamentablemente, su figura es incluso menos conocida que la de Ctesias. Podemos leer el argumento de su obra (de la cual ni siquiera conocemos el título real) en un resumen proporcionado por Diodoro Sículo. A Luciano la obra no le desagradaba en sí misma, porque Yambulo había forjado "una ficción que todos reconocen". Le proporcionó una excelente base para sus propios viajes inventados, pero más allá de esto no podemos decir nada.

Después, la emprende con otros, todos aquellos que han escrito sobre "supuestas aventuras y viajes de ellos mismos, incluyendo animales monstruosos, hombres crueles y extrañas formas de vida". El príncipe de todos estos es Ulises, que en la corte de Alcinoo habló de "vientos en esclavitud y de hombres de un ojo, caníbales y salvajes" y de "animales de múltiples cabezas y las transformaciones de sus compañeros a causa de los elixires". Curiosamente, Luciano se encuentra tanto con Ulises como con el propio Homero en la segunda parte de los *Relatos verídicos*, en la Isla de los Bienaventurados, pero nunca se mencionan estas mentiras.

Y si Ulises, precisamente como héroe mítico y no como historiógrafo metódico, se encuentra entre los Bienaventurados, en cambio Ctesias es quien se encuentra entre los impíos, encarcelado y sometido a atroces torturas a causa de sus mentiras en calidad de historiador. Le hace compañía ni más ni menos que Heródoto, el "padre de la historia",[7] del cual Luciano no era el

---

7. Según la afortunada definición de Cic., *De legibus* 1.1.15.

más grande de los *fans* a causa de la gran cantidad de historias maravillosas y paradójicas que había oído y relatado. Otros muchos están al lado de estos dos, pero permanecen anónimos. El lector contemporáneo probablemente podía formarse una idea de quiénes eran estos. Es necesario reconocer que la falta de rigor metodológico es reprobable para un historiador, pero hay que constatar que sin estas almas pecadoras (que Luciano condena como si fuera un Dante pagano obsesionado con la santidad de la verdad) no podríamos divertirnos leyendo los *Relatos verídicos*.

Más allá de las referencias internas, es posible vislumbrar otras raíces de esta obra, a pesar del naufragio de la mayoría de los textos de la antigüedad clásica. Una, por ejemplo, está mencionada de manera explícita por un insaciable lector medieval, el patriarca de Constantinopla Focio, que vivió en el siglo IX. En su colección de consejos de lectura destinados a su hermano, conocida con los títulos de *Biblioteca* y de *Myrióbiblos* (que significa "Diez mil libros"),[8] Focio escribió sobre Luciano, pero la noticia que nos interesa está en el capítulo dedicado a un tal Antonio Diógenes y a su novela, *Los prodigios más allá de Thule*. Esta también es una obra perdida para nosotros, que podemos hacernos una idea clara solo gracias al resumen de Focio.[9] Es una novela de aventuras escrita entre los siglos I y II, en la que había nada más y nada menos que… ¡un viaje a la Luna! Desafortunadamente, el vínculo entre las dos obras es difícil de delinear en ausencia de una de las dos y nos quedamos con la nota de Focio

---

8. Títulos más fascinantes y breves que el originario: *Inventario y enumeración de los libros que he leído, o de los cuales nuestro querido hermano Tarasio me pidió un análisis general.*

9. Otros fragmentos en pueden encontrar en Porph., *VP* 10-17, 32-45, 54-55 y en los papiros PSI 1177, P.Oxy. 3012, P.Dubl. C3.

exactamente por lo que es: la nota de alguien que todavía podía leer ambos textos.

Entre las cosas que Luciano (no) vio no estaba solo la Luna. Después de partir de nuevo con sus hombres, la navegación aérea continúa hasta la Ciudad de las Lámparas, Lychnópolis, que se encuentra entre las constelaciones de las Pléyades y las Híades. Allí es donde viven todas las lámparas de la Tierra: allí se reúnen y viven en sus casas, con sus propias estructuras sociales y sus costumbres. Son muy hospitalarias con viajeros y, entre ellas, Luciano reconoce una: ¡es la lámpara de su casa! No pierde la ocasión de preguntarle sobre su familia, justo como si hubiera encontrado a un conciudadano humano en un puerto lejano.

La última parte del primer libro está ocupada por un evento tan impactante a nivel escenográfico como la guerra espacial. Reanudada la navegación por el océano, con la felicidad de los marineros, se avistan monstruos marinos, entre ellos ballenas, y una de ellas mide mil quinientos estadios de largo, es decir, poco menos de trescientos kilómetros. Este ser, tan grande como las islas de Sicilia y Cerdeña, no augura nada bueno, y de hecho… Luciano y sus hombres son tragados por la ballena. Como si fueran Jonás de la Biblia en el gran pez, o Pinocho en el terrible tiburón. Pasan casi dos años en el estómago de la ballena, donde se ha acumulado tanta tierra y arena tragada por el animal que se ha creado un islote y en él un real ecosistema, con plantas, animales monstruosos y dos mercantes chipriotas, un padre y un hijo, tragados veintisiete años antes. Aquí también hay una batalla con seres raros, hombres-peces (los saladores, los tritoncabritos, los manosdecangrejo, los cabezatunes, los coladuras, los aletasdebarbada…). Los humanos salen victoriosos, pero todavía persiste el obstáculo principal: ¿cómo salir de la ballena? Luciano y los suyos prenden fuego a la flora local y en pocos días la ballena, como era de esperar, muere. En este momento es fácil salir con la nave por la boca de la ballena por la que habían entrado, no sin antes haber apuntalado los dientes del animal mientras este aún estaba vivo.[10]

Cuando ya está fuera, Luciano ve un nuevo espectáculo militar, esta vez una batalla "naval" entre hombres gigantes que navegan sobre islas y usan árboles como remos. El ejército vencedor, después de la batalla, erige un trofeo sobre la carcasa ya putrefacta de la gigantesca ballena. Con estas visiones termina el primer libro.

El segundo libro empieza con el episodio de la Isla de los Bienaventurados, en el que se cuenta del destino de los grandes del pasado. En una ciudad de oro, cuyas maravillas están descritas con gran detalle, se encuentran todos: están los héroes homéricos, hay reyes bárbaros ("los dos Ciros, el escita Anacarsis, el tracio Zamolxis y Numa el italiano"), poetas como Éunomo de Lócride, Arión de Lesbos, Anacreonte, Estesícoro, está Sócrates que continúa practicando su típica ironía dialogando con Jacinto de Esparta, Narciso, Hilas y otros jóvenes hermosos y está amenazado con la expulsión por Radamantis, juez mitológico de los muertos, encargado de resolver todas las cuestiones de los Bienaventurados. Por ejemplo, existe una cuestión entre Alejandro Magno y quién es el más grande, y hay una pelea entre Teseo y Menelao por Helena. Esta última, posteriormente, dejará la isla y a su marido Menelao (una segunda vez) en compañía de uno de los propios compañeros de Luciano, el hijo del mercante encontrado en la ballena. Luciano y sus compañeros serán ex-

---

10. Esta precaución puede recordar a la de Ulises que, en lugar de matar a Polifemo en la cueva, lo ciega para que luego, con su fuerza, pueda quitar las rocas que bloquean la salida.

pulsados antes de tiempo de la Isla de los Bienaventurados. En la isla también están Aristipo y Epicuro, está el fabulista Esopo ("empleado como bufón"), el filósofo Diógenes de Sinope (ahora con el carácter cambiado, menos cínico y gruñón). No hay ningún filósofo estoico, porque todos están en una "colina de la virtud" y también falta Platón: él se encuentra "en la ciudad que él mismo había imaginado, disfrutando de la constitución y las leyes que redactara". Luciano no perdona a nadie con sus mordaces comentarios.

En esta isla, lo más importante que Luciano encuentra es a Homero en persona, y no deja escapar la ocasión para informarse de todo lo que siempre quiso saber sobre él (pero no tenía a quién preguntar). Descubre que no era de Quíos ni de Esmirna ni de Colofón, como habían debatido los griegos por siglos, sino que absurdamente era de Babilonia y que su nombre no era Homero, sino Tigranes. Las otras preguntas versan sobre casos específicos de versos a veces eliminados por los filólogos alejandrinos, pero el poeta confirma que ningún verso es espurio, son todos suyos y auténticos. ¿Y había escrito la *Odisea* antes que la *Ilíada*? Sencillamente no. ¿Y por qué empezó la Ilíada hablando de la "cólera"? Porque así se le ocurrió, "sin intención alguna". ¡Si solo los filólogos hubieran pensado en preguntarle al mismísimo Homero! Luciano continuará haciéndole preguntas en los días siguientes, y también asistirá al juicio en el que Homero es acusado de calumnias contra Tersites, que había descrito en la Ilíada como el más feo de los griegos que lucharon en Troya, tosco, cojo y lenguaraz. El defensor de Homero es Ulises, el mismo Ulises que, como se narra en la Ilíada, había golpeado al pobre Tersites con su cetro en asamblea pública, sometiéndolo al escarnio de todos los Aqueos.

Ulises, antes de la partida de Luciano, le pide un favor, a espaldas de su esposa Penélope: entregar una carta a la ninfa Calipso, de la cual, aparentemente, nunca se ha olvidado después de los siete años de encantamiento pasados juntos en la isla de Ogigia con la promesa de la inmortalidad. El contenido de la carta está realmente registrado por Luciano, y la impresión es de estar frente a un *reality show* ambientado en el reino de los muertos, donde existe una gran libertad sexual. Aquí se manifiesta todo el espíritu satírico de Luciano, en mecanismos similares a aquellos de sus *Diálogos de los dioses* y de los *Diálogos de los muertos*.

La odisea paródica de Luciano continúa hacia otros destinos. Pasará un mes con sus hombres en la Isla de los Sueños, donde se pueden ver "sueños de toda especie". Describe la geografía de la isla, donde hay un río Noctámbulo, el templo de la Noche y el palacio de Hipno, el rey. Los sueños tienen cada uno su propia apariencia y los hombres reconocen a algunos porque en tiempos pasados los habían "visto en casa", y los sueños los saludan con amabilidad y demuestran hospitalidad.

Después de la Isla de los Sueños viene la parada para entregar el correo en Ogigia, y después la navegación continúa de forma brusca: la nave es atacada por unos piratas. Obviamente no son piratas normales, sino los "calabazpiratas", cuyas embarcaciones son grandes calabazas. Por suerte, vienen al rescate sus enemigos, los "nueznautas", que solo pueden navegar dentro de… gigantescas cáscaras de nuez. Luego habrá un alción gigante que anida en el medio del mar y allí depone sus huevos, grandes como barriles de vino de Quíos, en un nido largo sesenta estadios (es decir diez mil metros), habrá la isla de los "bucéfalos", seres primitivos y monstruosos de aspecto similar al del Minotauro, habrá las "perniburras", seres antropófagos, mitad mujeres y mitad asnos, que quieren merendarse a la tripulación de Luciano pero que, afortunadamente para ellos, son descubiertas a tiempo. Todo eso aderezado con numerosas otras maravillas y acontecimientos imposibles, como, por ejemplo, el mástil del barco que empieza a brotar y a echar ramas y frutos.

Como hemos dicho antes, no siempre tenemos cómo conectar de manera directa estas historias o sus estilos o motivos con textos reales de la literatura griega y latina. Habían existido numerosas obras dedicadas justo a los *ápista* ("cosas increíbles"), en latín *mirabilia*, algunas supervivientes y conocidas como "literatura paradoxográfica", centrada en hechos insólitos y *weird* del mundo natural y humano, y que solo de manera aproximativa podríamos equipararlas de alguna manera a las modernas *fake news*. Es exactamente ese gusto por lo maravilloso ya presente en la obra de Heródoto y obviamente confluido también en obras no específicamente paradoxográficas, como la *Historia natural* de Plinio el Viejo del I siglo, que en la edad media fue muy leída y fue una mina de poblaciones exóticas y criaturas humanoides de las que se hablaba en el mundo antiguo. Luciano parece parodiar sobre todo estas narraciones cuando habla de seres antropomorfos pero monstruosos y describe sus usos y costumbres como si fueran un pueblo cualquiera de bárbaros.

El final del viaje no se conoce. En la última parte del segundo libro los marineros ven desde lejos un nuevo continente y, mientras discuten para elegir si parar o seguir, una tormenta elige por ellos y los hace naufragar. Así termina esta parte de la historia, después del viaje "por las islas y el aire, y tras él en la ballena; [...] entre los héroes y los sueños, y por último entre los bucéfalos y las perniburras". Luciano termina así sus *Relatos verídicos*, con la promesa de continuar la narración en los próximos libros. Esta es la mayor mentira de todas, como anotó y escribió en el margen un escriba, probablemente insatisfecho.

HELENA MÁS ALLÁ DE TROYA:
DEL MITO AL GRITO

Noelia de Matos Cano & *Diego Sánchez-Horneros Pérez*

CORIFEO.– Que sufres dolores lo sé. Pero hay que sobrellevar lo mejor posible las fatalidades de la vida.

HELENA.– Mujeres, amigas mías, ¿a qué yugo del destino estoy uncida? ¿Acaso me dio a luz mi madre para ser un prodigio para los hombres? Ninguna mujer, griega o bárbara, ha dado a luz a sus hijos a partir de un huevo blanco, como del que cuentan que Leda me dio a luz a mí, de Zeus. Mi vida y todo lo mío es un prodigio y ello por Hera, por causa de mi belleza. ¡Ojalá pudiera borrarse como se borra una pintura! ¡Ojalá pudiera tomar una figura fea en vez de hermosa! ¡Ojalá los griegos olvidaran la mala fortuna que tengo ahora y conservaran el recuerdo de la que no es mala igual de bien que conservan ahora el de la mala!

Cuando uno tiende su mirada a una suerte favorable y ésta se transforma en desfavorable por obra de los dioses, la situación aunque cargante, es soportable. Pero es que a mí me abruma no una, sino muchas desgracias. Lo primero de todo, siendo como soy inocente, resulto ser infame, porque peor que el hecho mismo del mal es que le acusen a uno de males que no ha cometido. Además los dioses me expulsaron de mi tierra y me han traído hasta estas gentes bárbaras. Aquí, privada de mis seres queridos, soy una esclava yo, que procedo de hombres libres. Porque aquí todos los bárbaros son esclavos excepto uno. La única ancla que sostenía la barca de mi esperanza es que regresaría algún día mi esposo y me libraría de mis males; pero él ha muerto; ya no existe. Ha perecido mi madre y yo soy su asesina y se me acusa injustamente, aunque la culpa es mía. La que fue el esplendor de mi casa, mi hija, sigue virgen, sin casar, viendo cómo van encaneciendo sus cabellos. No existen tampoco los dos hijos de Zeus, los llamados Dioscuros.

Así, rodeada de tantas desgracias perezco, aunque realmente no esté muerta. Y el colmo: si volviera a la patria, me impediría el acceso, pensando que la Helena que fue a Troya debería haber vuelto con Menelao. Pues si viviera mi esposo, nos reconoceríamos por señas que sólo él y yo conocemos. Pero ahora eso no es posible y él nunca logrará ponerse a salvo. ¿Por qué sigo viva aún? ¿Qué suerte me queda? ¿Casarme para librarme de mis desgracias y compartir una mesa opulenta con un bárbaro? Pero cuando un marido se hace arisco a la mujer también se hace arisco el propio cuerpo, y es mejor morir. ¿Cómo no va a resultar hermosa mi muerte? Ahorcarse es algo ignominioso incluso para los esclavos. Degollarse es más gallardo y más noble, y es pequeño el instante que nos aparta de la vida. ¡A qué abismo de males he ido a dar! Las demás mujeres son felices por la belleza, pero esa belleza ha sido la causa de mi perdición.

(*Helena*, vv. 254-305;

Eurípides)

En este capítulo abordaremos la imagen y el mito de Helena, una de las mujeres más emblemáticas y populares de la antigua Grecia. Conocida por su extrema belleza, además de ser la supuesta causante de la Guerra de Troya; llamada por muchos como Helena de Troya, Helena de Esparta, la mujer de Menelao, la hija de Zeus y Leda… entre otros nombres. Pero ¿qué sabemos de ella realmente?

Comenzaremos con esta obra teatral griega de Eurípides, donde vemos una Helena que nunca fue a Troya, sino que la diosa Hera creó una imagen de ella para que Paris la tomara, mientras que la auténtica quedaba protegida por Proteo en Egipto durante unos siete años… aunque, tras fallecer este, ella (la auténtica Helena) tuvo que evitar a su hijo Teoclímeno hasta que llegara Menelao, su esposo, y huyeran juntos hasta Esparta.

Eurípides comienza la obra explicando el origen de Helena. En el primer monólogo explica ella misma: "*mi patria es Esparta, la famosa Esparta, y mi padre es Tindáreo. Pero cuenta la leyenda que Zeus llegó volando hasta mi madre Leda tomando la forma de un cisne y a escondidas penetró en su lecho, simulando que huía de un águila, si es que es cierto lo que cuenta la leyenda. Me llamaron Helena.*". Aquí apreciamos el conocido mito de Helena como hija de Zeus y Leda, nacida de un huevo, y hermana de Clitemnestra y los Dioscuros.

Curiosamente, en esta tragedia Helena nunca pisó Troya. Se cuenta que, durante el juicio de Paris, Afrodita le prometió a este que si era la elegida como más bella de las diosas este podría casarse con ella. Hera, al no salir como ganadora, creó una imagen de Helena (aunque se desconoce realmente cómo lo hizo). Algunas de las ideas que se nombran en la obra son que era un viento fatuo, un espectro sagrado, aire del cielo o una nube. Todo esto fue para que Paris la pudiera raptar y comenzar así una guerra entre griegos y troyanos.

Helena en realidad habría vivido en Egipto durante todo este tiempo, a recaudo del rey Proteo, y tras su muerte, con su hijo Teoclímeno. Este deseaba casarse con ella, pero Helena se negaba. Para refugiarse se protegía en la tumba de Proteo, que era para ella un lugar seguro.

Se nos muestra una Helena "desdichada", como ella se define en innumerables ocasiones: se ve sola, desgraciada y atormentada por su mala fama, la odian como vemos en su encuentro con el aqueo Teucro. Se ve a sí misma como una esclava en tierras bárbaras: *"Aquí, privada de mis seres queridos, soy una esclava yo, que procedo de hombres libres."*

A esta imagen de mujer desamparada se le suman las noticias que le da Teucro del suicidio de su madre por la vergüenza (aunque sin gran fundamento; como ella misma plantea: *"No será el nombre de Helena el que la haya matado"*). La soltería y virginidad de su hija, Hermíone, también la entristece, además de las variaciones de historias que se cuentan sobre sus hermanos, los Dioscuros; en una de ellas cuenta que fueron asesinados también por su culpa.

Y sobre su físico, en principio no parece ser todo tan negativo… Nos cuentan que es de gran belleza, de cabello rubio, con bucles y también destacan su "hermoso tobillo". Sin embargo, Helena considera su belleza como la causa única de sus desgracias; literalmente: *"mi belleza, si es que puede llamarse belleza a ésta, la única causa de mis desgracias."* A ella le gustaría volverse fea y de esta forma escapar de su destino, porque lo que para las demás mujeres es un don para ella es la causa de su perdición.

* * *

No se comprende mucho, en su primer monólogo, cuando Helena indica el nombre del hijo de Proteo, lo que dice de este: *"Y tuvo dos hijos en palacio; un varón, Teoclímeno, al que llamaban así porque a lo largo de toda su vida no cesó de honrar a los dioses"*. Personalmente, creemos que ese nombre no le representa demasiado bien, ya que no solo no honraba a los dioses, sino que además no cumplía con sus deseos. Tengamos en cuenta que Hermes (este en concreto ya que es el dios de los viajeros) fue el que la llevó a esta tierra para que la protegiera el mejor de los mortales, Proteo, y guardara su lecho nupcial hasta que Menelao volviera. Pero Teoclímeno quería casarse con ella: ¿eso es honrar a los dioses para él?

Tras este momento aparece Teucro, un aqueo que según la ve, comienza a faltarle al respeto: *"¿No estoy viendo la imagen más odiosa, más asesina de la mujer que ha sido causa de perdición para mí y para todos los aqueos? ¡Así te mueras! ¡Que los dioses te escupan, porque te pareces a Helena! Si no me encontrara en tierra extranjera, ten por seguro que con mis flechas certeras te daría la muerte. Y ello por tu parecido con la hija de Zeus"*. En este momento, nos preguntamos: ¿cómo la ha reconocido? Posteriormente veremos que hay otros personajes a los que les cuesta más. Y teniendo en cuenta que se supone que ha estado unos siete años en Egipto, ¿Helena sigue igual? Porque, aunque Teucro comenta que él vio a Helena (la nube) con Menelao, esta nube se haría hace siete años. ¿Es que la imagen no ha ido envejeciendo con el tiempo? Otro elemento que parece destacable es esa furia que sienten hacia nuestra protagonista, ya que este deseaba matarla única y exclusivamente por su físico, por su parecido a ella (la real); aunque minutos después se disculpa, diciendo que ha sido presa de la cólera.

Con este personaje también vemos cómo se extienden las creencias populares infundadas y cuanta más gente las conozca más certeras parecen, hasta el punto de no cuestionarse y darse por veraces. Teucro afirma contundentemente haber visto a Helena *"Sí; la he visto con mis ojos y además con la mente, que también ve"* cuando realmente solo ha visto la nube que hizo Hera. También expone que Menelao y su esposa han muerto simplemente porque *"lo dicen"* y también Leda *"Eso cuentan. Colgó su cuello de un nudo corredizo."* E incluso habla de los Dióscuros, de estos tiene hasta dos historias diferentes, la primera, que fallecieron y la segunda que ahora son dioses, con las mismas fuentes: *"pues cuentan que…"*.

* * *

Nos causa gran impresión la preocupación de la protagonista por el uso de su nombre: es como si fuese la mayor pérdida de su honor. Y a lo largo de toda la obra lo comenta bastantes veces: *"todos hablan mal de mí, de mí que tanto voy sufriendo"*; *"para que al menos mi cuerpo no se vea cubierto con el baldón de la vergüenza, aunque mi nombre en Grecia sea maldito"*.

También nos gustaría comentar la semejanza en actitudes de Helena a una profunda tristeza, que se parece a la depresión o la ansiedad. En constantes ocasiones apreciamos un sentimiento de vacío, acompañado del de culpa, con comentarios como: *"Por mi culpa se han perdido muchas vidas"*. Al tiempo busca otros culpables por todos lados, intentando escaparse ella de ese sentimiento de culpa *"¿Qué frigio o qué heleno taló aquel pino […] Del pino aquél hizo el hijo de Príamo su nave de muerte?"* En el fondo no tiene claro si es ella la provocadora de tantos males, ya que durante toda la obra va culpándose y declarándose inocente o justificándose *"siendo como soy inocente, resulto ser infame, porque peor que el hecho mismo del mal es que le acusen a uno de males que no ha cometido"*.

En un momento del texto, el Corifeo se dirige a Helena con lo siguiente: *"Que sufres dolores lo sé. Pero hay que sobrellevar lo mejor posible las fatalidades de la vida"*. Este pequeño fragmento nos muestra cómo el Corifeo alecciona a Helena sobre su carga mental, minusvalorando incluso su situación personal. Da la sensación de que no está permitido el poder encontrarte mal y buscar ayuda. Además, es llamativo que sea el Corifeo quien le transmite este mensaje a Helena, siempre funcionando como la parte moral y racional, que aconseja o explica al protagonista de las tragedias sobre sus acciones futuras.

Helena tiene un dolor y una pena que no le permite apreciar las cosas buenas, y la hacen ponerse siempre en lo peor, arrebatándole la capacidad de razonar fríamente. Esa capacidad vuelve al mismo tiempo que Menelao. Este sufrimiento lo apreciamos en sus conversaciones con el coro de mujeres, quienes intentan dar claridad a nuestra protagonista y hacer que reflexione sobre lo que le dijo Teucro en vez de creérselo sin dudar. Sin embargo, al ver que esta sigue sin entrar en razón, intentan buscar soluciones a sus pensamientos negativos *"Al parecer prestas más atención a lo malo antes que a lo bueno"*. A lo que ella contesta *"Es que el miedo mismo me envuelve y me lleva al temor"*. Podemos ver cómo se apoya en sus amigas *"Una mujer debe compartir los sufrimientos con otra mujer"*. Las entiende como terapia, ya que Helena no solo se desahoga con ellas, sino que también aprende a gestionar sus emociones y en gran parte sus sentimientos, ayudándola a buscar soluciones, como hablar con Teónoe (aunque cualquier persona pensaría, ¿no podría haber hecho esto hace siete años?).

En este momento es cuando vemos realmente su desesperación, cuando cree que está en lo peor. Antes no le era necesario ya que vivía con la esperanza de que Menelao iba a volver y juntos llegarían hasta Esparta de nuevo, pero aquí se ve sola y sin motivaciones para seguir. Otra opción que hemos pensado podría ser que la preocupación no le dejara pensar con claridad, buscando medidas más difíciles en vez de razonar y elegir la opción más lógica.

* * *

De igual manera, es llamativo ver el concepto de mujeres apoyándose entre sí. ¿Por qué no puede Helena apoyarse en algún personaje masculino? ¿Acaso al hombre no le está permitido sentir, escuchar y comprender a la mujer? La idea que se transmite es la de que el hombre es superior a ello, no puede sentir y padecer, únicamente tiene que soportar el peso de la conciencia y la responsabilidad de cargar sobre sus hombros el futuro del grupo (familia, amigos, sociedad, Estado...). De igual manera, a la mujer no se le permite tener esta responsabilidad, ya que escapa de sus roles de cuidados personales y ajenos. Este concepto refuerza el papel de la mujer como la persona que debe sentir y padecer.

Podemos ver de nuevo estos conceptos en una conversación que habrá mucho más adelante en el texto, diciéndole Menelao (cuando por fin regresa) a Helena: *"Pues eso es tarea tuya, ya que es asunto de una mujer en tratos con otra mujer"*. Este fragmento hace referencia a Teónoe, hermana del rey Proteo, que ayudará a Helena a escapar, aunque es conocida por sus dotes adivinatorias. Con esta sentencia, Menelao desprecia por completo a una figura tan importante como una profeta por el simple hecho de ser mujer.

Incluso vemos la desesperación de Helena y su falta de ganas de vivir en constantes momentos: *"¿Por qué sigo viva todavía?" "¿Por qué sigo viva aún?"*... hasta un punto en que se plantea cómo podría suicidarse de una forma digna para los griegos *"¿Cómo no va a resultar hermosa mi muerte? Ahorcarse es algo ignominioso incluso para los esclavos. Degollarse es más gallardo y más noble, y es pequeño el instante que nos aparta de la vida. ¡A qué abismo de males he ido a dar!".*

El debate sobre el suicidio, como vemos, no es nuevo en la sociedad. En la Antigüedad, el suicidio parecía estar más aceptado, aunque no era del todo bien visto. Se frivoliza incluso sobre el método para ejecutar el suicidio. En cambio, con el avance de la historia y la implantación de las religiones monoteístas en Occidente, el suicidio pasa a ser considerado pecado, un acto impío en contra de la naturaleza y la voluntad divina de Yahvé, Dios o Alá. Es en la sociedad actual, con grandes esfuerzos de reconocimiento social e investigación en el ámbito psicológico, cuando se ha llegado a entender el suicidio como algo aceptado moralmente.

Tras esta desesperación, aparece Menelao, su añorado esposo, muy avergonzado, pues pasó de ser un rey a un simple náufrago; y es aquí cuando dice *"Pues cuando a un hombre que está en lo más alto le van mal las cosas, sufre más que quien siempre ha sido desgraciado".* En este momento nos planteamos su arrogancia, ya que, aunque sí que es cierto el famoso dicho "cuanto más alto estás, más grande es la caída", eso no hace que otras personas que estén en otras situaciones sufran más o menos que él, considerando que hay situaciones mucho peores en las que se podría encontrar este mismo. Por ello, no creemos que haya que invalidar los sufrimientos de personas como este denomina "desgraciadas". La anciana acierta cuando le dice *"A muchos les va mal. Tú no eres el único",* siendo esto un golpe de realidad para él; aparte de que es en este momento cuando Menelao se entera de que la verdadera Helena nunca pisó Troya.

Por otra parte, es curioso que, aunque Helena decía anteriormente que se reconocerían al instante, tardan bastante, diciendo que se parecían a quienes eran en realidad. Pero ¿por qué Teucro la reconoció según la vio? Ella tuvo que convencerle de que era ella de verdad y la mujer que había traído y dejado en la cueva era únicamente viento fatuo. Incluso se plantea *"tener los ojos enfermos"* por lo que vemos que Helena no tenía tanta razón al decir *"si viviera mi esposo, nos reconoceríamos por señas que sólo él y yo conocemos"*.

Más adelante, podemos encontrar un pequeño soliloquio de Menelao en el que nos presenta lo siguiente: *"No soportaría caer a tus rodillas y humedecer con lágrimas mis párpados; si resultara ser un cobarde, dejaría mis gestas troyanas en un lugar deshonroso. Dicen, sin embargo, que es propio de hombres bien nacidos derramar lágrimas de los ojos en las desgracias. Pero no voy a elegir yo lo bello, si es que lo bello es el llanto antes que la gallardía"*. Observamos de nuevo los roles de género, asociando la valentía y la gallardía a los hombres, insensibles como la piedra. Menelao asocia la belleza a poder expresar sus emociones en público, incluso llorando. Aun así, decide no escoger lo bello para elegir la hombría. Masculinidad frágil lo llaman.

En relación con esta última idea, nos fijamos en la sentencia de Helena: *"Escucha ahora, si es que una mujer puede decir algo sensato. [...] Yo te lloraré ante ese hombre impío al modo femenino con lamentos fúnebres"*. Parece explicar que esa sororidad en la que ella confiaba realmente no estaba existiendo.

Parece que el apoyo demandado por Helena realmente era interesado y buscaba solo solucionar sus problemas personales; no nacía de cuestiones de género. No había, realmente, una defensa de "las tuyas".

FRAGMENTOS DE AMOR QUE ARDEN

MARÍA DEL VAL GEORGIANA RUSU

> *"La lengua queda inerte y un sutil*
> *fuego bajo la piel fluye ligero*
> *y con mis ojos nada alcanzo a ver*
> *y zumban mis oídos;*
> *me desborda el sudor, toda me invade*
> *un temblor, y más pálida me vuelvo…"*

> *(Poema / Fragmento 31;*
> *Safo)*

Safo como Oráculo del Amor

Safo no escribe. Safo lanza fragmentos como cartas. Nos llegan desde un tiempo inalcanzable, rotas, quemadas por siglos de silencio, pero aún calientes al tacto. No hay continuidad en su obra, no hay una historia, ni una estructura narrativa que podamos seguir con comodidad académica. Lo que tenemos son restos de una pasión vivida como revelación: trozos de deseo, lenguas que se traban, cuerpos que tiemblan, amantes que se marchan y, sobre todo, una voz que insiste. Safo insiste en amar incluso cuando es olvidada. Safo insiste en nombrar aquello que aún hoy nos resulta difícil poner en palabras.

En esta sección, propongo leer a Safo como si estuviéramos consultando un tarot emocional. Es decir, acercarnos a sus poemas no como documentos históricos o piezas literarias muertas, sino como cartas arquetípicas que nos hablan desde y hacia el alma. El tarot, como la poesía, no responde con hechos sino con símbolos. Abre puertas, sugiere senderos, refleja estados interiores que muchas veces no sabíamos que necesitaban ser nombrados. Las cartas no adivinan el futuro, pero permiten que el presente se manifieste de forma más clara. Lo mismo ocurre con la poesía de Safo: cuando un verso suyo cae en nuestras manos, no nos informa, nos despierta.

Cada poema de Safo puede leerse como una carta que alguien, en un momento de estremecimiento, ha tirado sobre la mesa del tiempo. Están las cartas del deseo encendido, como un diablo que arde bajo la piel. Están las cartas de la ausencia, como la torre que se derrumba cuando alguien no vuelve. Están las cartas de la intuición amorosa, como la sacerdotisa que sabe sin preguntar. Safo no necesita decir todo: un gesto, una mirada, una palidez bastan para invocar un universo emocional entero.

Este enfoque no busca hacer de Safo una pitonisa ni de su poesía un juego esotérico. Al contrario: se trata de devolverle su dimensión simbólica y emocional, de honrar la profundidad con la que expresó lo que aún hoy nos desborda. Cuando el amor nos atraviesa, cuando alguien se aleja sin razón, cuando el cuerpo reacciona antes que la mente, buscamos lenguaje. Y a veces —solo a veces—, lo encontramos en versos que fueron escritos hace más de dos mil quinientos años.

En las páginas que siguen, presento una serie de "cartas sáficas", cada una inspirada en un fragmento suyo y conectada con una figura del tarot. No es un ejercicio de traducción literal, sino de resonancia emocional. Cada poema se convierte en símbolo. Cada símbolo, en espejo. Y quizá, al final, te descubras a ti misma o a ti mismo en alguno de ellos.

Porque Safo no murió. Solo se disolvió en cartas que aún arden.

Arcanos del Deseo: Lecturas desde Safo

La selección que aquí se presenta no obedece a una clasificación temática rígida ni a una interpretación académica sistemática. Por el contrario, nace de un diálogo íntimo y subjetivo entre los fragmentos de Safo –esos destellos de emoción aún encendidos– y los arquetipos del tarot, que desde hace siglos representan las etapas, heridas y revelaciones del alma humana. No se trata de forzar una correspondencia entre poema y carta, sino de permitir que entre ambos brote una resonancia simbólica, un eco emocional que abra sentido.

Cada emparejamiento entre un fragmento de Safo y una carta del tarot surge desde una intuición simbólica: una imagen, una emoción o una energía común que vibra entre los dos lenguajes. Por ejemplo, un poema donde el deseo se vive como posesión corporal encuentra su reflejo natural en El Diablo, que en el tarot representa la fuerza instintiva, el cuerpo atrapado, la pasión que se desborda. Otro, donde la poeta presiente que será olvidada, se alinea con La Torre, símbolo del colapso repentino, de la caída de una estructura emocional.

En esta propuesta, el tarot actúa como puente de lectura. No es una lente externa que se impone a los poemas, sino una vía que permite al lector aproximarse desde otra sensibilidad. Las cartas no explican a Safo, pero la escuchan de forma diferente. A la vez, los poemas le devuelven al tarot su raíz poética: lo rescatan de lo puramente esotérico y lo reconectan con el lenguaje del deseo, del dolor, de la pasión.

Cada "carta sáfica" estará compuesta por:

- Un fragmento original (en traducción poética, a veces con la versión griega como sombra).
- La carta del tarot asociada, con una breve explicación de su arquetipo.
- Un nombre simbólico propio, como si la carta renaciera en clave sáfica.

Una lectura emocional y literaria que conecta ambos elementos desde una perspectiva personal y simbólica.

El lector no encontrará aquí una doctrina ni una verdad única, sino una invitación a mirar dentro de sí. Porque al igual que las cartas, los versos de Safo no dicen lo que uno debe sentir, sino que nombran lo que ya estaba latiendo en el fondo:

1. El fuego bajo la piel

"la lengua queda inerte y un sutil
fuego bajo la piel fluye ligero
y con mis ojos nada alcanzo a ver
y zumban mis oídos;

me desborda el sudor, toda me invade
un temblor, y más pálida me vuelvo"

(Fragmento 31)

Carta del tarot: *El Diablo*

Este fragmento es quizás el más carnal de toda la lírica antigua. El amor, en la voz de Safo, no es ternura ni ideal: es un temblor físico que la posee. El Diablo representa, en el tarot, la energía indomable del deseo, los lazos que atan el cuerpo incluso cuando la mente quiere escapar. No hay vergüenza aquí. Hay rendición. Esta carta sáfica nos habla de cuando el amor ya no se elige, sino que arde como fiebre. El cuerpo no miente. El deseo no pregunta.

2. La que sabe lo que vendrá

"¿A quién ahora debo persuadir
para que te lleve de nuevo a su afecto?
¿Quién te hiere ahora, oh Safo?
Pues si huye, pronto te perseguirá;
y si no acepta regalos, te los dará;
y si no ama, pronto amará,
aunque ella no quiera."

(Fragmento 1,
Himno a Afrodita)

Carta del tarot: *La Sacerdotisa*

En este poema, Safo invoca a Afrodita, pero lo hace con la sabiduría de quien ya conoce el desenlace. Noruega, predice. Como La Sacerdotisa del tarot, es la figura que guarda el saber profundo, la intuición que no necesita pruebas. Esta carta representa el poder silencioso de quien intuye el amor antes de que ocurra. Es una energía lunar, femenina, interior. Safo no conquista a la amante: la llama desde un conocimiento más antiguo que la voluntad.

3. El Umbral Perdido

> *"¡Virginidad, virginidad!*
> *¿A dónde vas después de abandonarme?"*
> *—"Ya nunca volveré a ti, ya nunca volveré."*

(Fragmento 114)

Carta del tarot: *La Muerte*

Este poema breve y penetrante dramatiza una transición definitiva: la pérdida de la virginidad, no como experiencia corporal, sino como ruptura existencial. Safo la convierte en un diálogo entre la joven y una abstracción personificada —la virginidad que, una vez ida, no puede volver. La Muerte, en el tarot, no representa el fin literal, sino el corte que marca un antes y un después, la transformación irrevocable.

Esta carta sáfica no habla de tragedia, sino de mutación: de cómo ciertas pérdidas abren caminos imposibles de cerrar. El tono es íntimo y resignado, sin dramatismo, como quien asume una ley natural. El poema alude a una iniciación —sexual, amorosa, simbólica— que redefine para siempre a quien la atraviesa. Como en La Muerte, no hay retorno: solo una nueva identidad que crece desde el vacío dejado atrás.

4. La elección

> *"Como el manzano entre los árboles del bosque,*
> *así entre las doncellas está mi amada."*

(Fragmento 105a)

Carta del tarot: *Los Enamorados*

Aquí el amor es contemplación. Safo mira y elige. Entre todas, una sola destaca. Como en la carta de *Los Enamorados*, no se trata solo de sentir, sino de decidir. Esta carta habla de la elección consciente del deseo, de la belleza que sobresale y obliga al corazón a girar su curso. No hay dolor, sino admiración. Pero incluso en esta dulzura, se esconde la tensión: ¿elegir trae gozo, o separa? Esta carta invita a detenerse ante el rostro amado y aceptar su poder.

5. La Soledad de Medianoche

> *"Ya se ha puesto la luna*
> *y las Pléyades; mediada*
> *es la noche, pasa la hora,*
> *y yo duermo sola."*

(Fragmento 168B)

Carta del tarot: *La Luna*

En este fragmento, la noche avanza y la soledad se hace palpable. La Luna, en el tarot, representa lo oculto, los sueños y las emociones profundas. Aquí, Safo nos sumerge en un estado de introspección y melancolía, donde la ausencia del ser amado se siente con intensidad. Esta carta sáfica invita a explorar las sombras del alma y a aceptar la soledad como parte del viaje emocional.

6. El Amor que Golpea

> *"El amor golpeó mi corazón*
> *así como el viento montañés*
> *cae sobre la arboleda de robles..."*

(Fragmento 47)

Carta del tarot: *La Torre*

Este fragmento describe el amor como una fuerza arrolladora que irrumpe sin previo aviso. La Torre simboliza cambios abruptos y revelaciones inesperadas. Safo compara el impacto del amor con una tormenta que sacude los cimientos, recordándonos que el amor puede ser tanto una bendición como una fuerza destructiva que transforma nuestra realidad.

7. El Olvido Inmortal

> *"Muerta yacerás y ya nunca memoria de ti quedará*
> *en el mañana, pues no participas de las rosas*
> *de Pieria. Anónima también en la morada de Hades*
> *errarás espantada entre borrosos espíritus".*

(Fragmento 55)

Carta del tarot: *El Juicio*

Safo advierte sobre la trascendencia y la memoria. El Juicio, en el tarot, representa la evaluación final y la llamada a la renovación. Este fragmento refleja la preocupación por el legado y cómo nuestras acciones y pasiones determinan nuestra inmortalidad en la memoria colectiva. Es una llamada a vivir plenamente y a dejar una huella significativa.

8. El Esplendor de la Amada

"Intimidadas por su maravilla
las estrellas cerca de la hermosa luna
cubren sus propios y brillantes rostros
mientras ella ilumina de amor la tierra
con su esplendorosa plata…"

(Fragmento 34)

Carta del tarot: *La Estrella*

Este fragmento celebra la belleza y el resplandor de la amada, comparándola con la luna que eclipsa a las estrellas. La Estrella simboliza esperanza, inspiración y claridad. Safo nos presenta una visión luminosa del amor, donde la presencia de la amada brinda guía y consuelo, iluminando incluso las noches más oscuras.

9. La Dulzura que Cura

"Viene de nuevo Amor, ese que libera
dulcemente mi cuerpo de sus miembros

> *y me sacude, criatura amarga*
> *e invencible."*

(Fragmento 130)

Carta del tarot: *La Templanza*

Este poema ilustra la irrupción de Eros no solo como arrebato, sino como mezcla ambigua de dulzura y desestabilización. Amor no es solo herida, sino también medicina: libera el cuerpo, lo desmiembra para reordenarlo. La Templanza representa ese arte antiguo de mezclar opuestos: deseo y miedo, gozo y temblor, pasión y equilibrio. Esta carta sáfica evoca el momento en que el amor nos hace vulnerables pero también nos enseña a recomponernos en una nueva forma. No es la calma previa a la tormenta, sino la armonía que se crea después de ella.

10. Lo Que No Se Dice

> *"Lo que quiero decirte no me sale,*
> *se me nubla la mente."*

(Fragmento 103)

Carta del tarot: *El Ermitaño*

Este breve fragmento condensa el abismo entre lo sentido y lo dicho. El amor no siempre se pronuncia: a veces se calla, se atasca, se convierte en sombra. El Ermitaño simboliza esa búsqueda interior, ese momento de silencio en que no hay claridad ni palabra posible. Es una carta de retiro, de recogimiento. Safo, en este verso, no renuncia al amor: simplemente se enfrenta a su misterio inefable. Esta carta sáfica invita a aceptar que hay emociones que solo se comprenden en la oscuridad, lejos del ruido del mundo.

Conjurar a Safo en el Presente – Escritura, Tarot y Deseo como Herencia Viva

Releer a Safo es invocar una voz que no se deja atrapar del todo. Fragmentaria, rota, evocada solo por resquicios, la poeta de Lesbos no nos llega como una figura cerrada en el mármol del canon, sino como una presencia que exige reconstrucción, traducción y deseo. Por eso este proyecto no se propone simplemente estudiar a Safo, sino hablar con ella, mediante una práctica creativa que mezcla el tarot, la carta, el arquetipo y la lectura emocional como formas de acercamiento vivo y subjetivo a su poesía.

Esta sección final es una meditación sobre lo que significa leer —y escribir con— Safo hoy. Nos hemos acercado a sus palabras desde una posición situada, reconociendo en ellas no solo belleza o forma literaria, sino emociones que siguen latiendo: celos, amor, erotismo, duelo, ironía, abandono. Las cartas sáficas creadas a lo largo del proyecto han buscado traducir esas emociones en estructuras simbólicas actuales, como el tarot, que también trabaja con imágenes intensas, abiertas, cargadas de sentido. Así, cada fragmento se convierte en una puerta hacia una constelación de significados personales y colectivos.

¿Por qué vincular a Safo con el tarot? Porque ambos trabajan con lo invisible. El tarot no predice el futuro, sino que permite pensar el presente desde símbolos ancestrales: abre capas de sentido. Y Safo hace lo mismo: su poesía no ofrece narraciones completas, sino que lanza imágenes como flechas, que se clavan en lo más íntimo de quien lee. En ambos casos, se trata de enfrentarse a una intensidad que desborda lo racional. Esta unión no es arbitraria ni puramente estética: es una forma de reconocer que la poesía, como el tarot, es una práctica mágica, interpretativa, y profundamente corporal.

Escribir cartas sáficas —cartas dirigidas a nadie y a todos, inspiradas en los fragmentos de una mujer que ya no está pero que nunca se ha ido— es también una forma de reclamar la vigencia del deseo queer en el pasado. La voz de Safo nos llega desde una sexualidad que no necesita defensa ni explicación, sino espacio. Ella ama, observa, se inquieta, se burla y sufre con mujeres. No desde una identidad moderna, sino desde una experiencia radicalmente encarnada, afectiva y política. Leerla hoy desde la rareza, desde los márgenes, desde la no-norma, es también un gesto de reconocimiento: el pasado está lleno de nosotras, de nosotros.

Cada carta sáfica que construimos es una constelación de afectos. No pretenden explicar a Safo, sino responderle. Porque cuando leemos a alguien así, con tanto amor, terminamos escribiéndole. No hay análisis neutro ante una poeta que ha hablado tan directamente a lo íntimo. Las cartas del tarot permiten canalizar estas emociones en símbolos: La Luna para la soledad, El Diablo para la obsesión, La Torre para el amor que sacude, La Estrella para el resplandor de la amada… Pero siempre desde una mirada encarnada, subjetiva, poética. No se trata de convertir los fragmentos en "doctrina", sino en espejo.

Esta práctica también nos obliga a pensar: ¿qué significa traducir? No solo de una lengua a otra, sino de un siglo a otro, de un cuerpo a otro. Traducir a Safo es aceptar que cada lectura es un gesto de creación. Que la traducción es también traición, pero una traición amorosa. A través de las cartas sáficas, esta traición se convierte en homenaje: le damos a sus versos nuevas formas de vibrar. Nos permitimos tomar sus palabras como propias, no para apropiarnos de ellas, sino para dejarlas habitar nuestras heridas, nuestras preguntas, nuestras pasiones.

Finalmente, este proyecto es también una meditación sobre la forma carta. La carta no es solo un género literario, sino una forma de vínculo: entre emisor y receptor, entre yo y tú, entre el pasado y el ahora. Escribir una carta sáfica es imaginar que alguien leerá esa emoción. Y quizás ese alguien sea Safo. O quizás seamos nosotros mismos, en el futuro. Por eso las cartas no cierran nada: abren, lanzan, conectan.

Safo no ha muerto. Habla en las voces que la leen, que la traducen, que la aman. Habla en las manos que barajan cartas y buscan sentido. Habla en los cuerpos que siguen deseando con la misma intensidad feroz y dulce con que ella escribió. Que estas cartas sáficas sean un eco de su voz —no un eco que repite, sino un eco que responde—.

EL SENTIMIENTO MÁS FEROZ Y PODEROSO OTORGADO POR LOS DIOSES

JUAN DURA

¿Ha sido una leona de las montañas de Libia
o una Escila que ladra por el bajo vientre
quien te ha parido con ese carácter tan hosco y rudo,
como para que despreciaras la voz de quien te
suplicaba desesperadamente? ¡Ay corazón insensible!

(Carmen 60,
Catulo)

En este poema de Catulo no sabemos exactamente a quién se está refiriendo el poeta. Es un poco como cuando nos encontramos en una espiral de enfado y desilusión, y sabemos que el camino definitivo sería salir de ahí, pero aún así, nos resistimos. Le deseamos el mal a quien sea, y nos encontramos en un mar de dudas porque queremos (o eso creemos) poner punto y final. Esta confusión resuena en todo el *carmen 60*. Pero en una situación así ¿podríamos volver a ser felices o recuperar nuestra alegría? Para mí, es crucial determinar, en este capítulo, el sentido del amor y las fases en las que nos encontraremos durante nuestra relación. En este capítulo vamos a repasar los momentos más importantes de una relación amorosa a través de las palabras de Catulo.

De manera espectacular Catulo une el estado universal de nuestras almas con el estado de su poesía: nuestra lucha interna es la lucha de sus palabras, los versos que le impulsan a no perdonar cuando se deja dirigir por la lógica; los versos que abogan por un pasado querido pero ya perdido si habla nuestra alma. El sí y el no van cambiando en nuestra vida: al igual que el amor y el desamor.

Beso por beso, caricia por caricia, deseo por deseo, todo pasa por nuestra cabeza cuando pensamos en la persona que amamos: la quedada, el enamorarse, el estar en una relación; todo ese recuerdo no nos llevará a un futuro descorazonador cuando se termine si sabemos cuidarlo, sino más bien nos llevará a un pasado que no podremos repetir con la misma persona; hablar del futuro es bonito, pero hay que tener en cuenta el pasado. Al final, podemos sufrir un *lapsus* en la memoria por amor, que nos puede llevar a perdonar a quien amamos. Pero podemos retomar con absoluta resolución, con un fuerte corte psicológico de pensamiento, la idea del inicio y terminar con un soliloquio con una apremiante e inflexible orden de su lógica. En última instancia y afirmando la negación más que nunca, como si nosotros y nosotras fuéramos conscientes de que los recuerdos indican debilidad y confusión a la hora de abandonar, como si esa negación detuviera rápidamente el curso de nuestra memoria, y con ello, las dudas y vacilaciones, la sombra de un perdón que no se merece.

Este es el movimiento dubitativo y la disposición que tenemos para contradecir nuestros sentimientos.

Cuando de manera definitiva nos sentimos abandonados y se hace ostentoso ese sufrimiento, empezamos a recaer en la amargura, tal y como hace Catulo. Al igual que Catulo, nosotros y nosotras nos mantenemos fieles a la persona que amamos, pero cuando nuestro amor no es correspondido le pedimos hasta a Dios que nos libere de esa enfermedad que nos debilita tanto física como mentalmente. En este poema no hay ningún indicio de haberlo pasado bien antes, tampoco hay indicios de perdonar: pero es habitual que se rompan los pactos de amor, aunque intentemos que siga vivo ese sentimiento al final lo único que queda es el consuelo. Y ahí, podemos tomar dos caminos: aceptar el último adiós y estar dispuestos a romper de manera definitiva… o volver a ser amigos. Las dos opciones suponen en cierta medida una despedida, pero de manera única es un fin para el sentimiento amoroso. Como bien dice Catulo al final del *Carmen 11:*

y que no busque, como antes, mi amor
que por su culpa ha muerto como una flor
al borde de un prado, cuando el arado
la troncha al pasar

Antes de esto, hay un momento en nosotros y nosotras en el que, aún queriendo romper con nuestra relación de amor, hay una pequeña esperanza de reconciliación, de perdonarnos. Estos sentimientos que van entre el amor y el odio que sentimos nosotras hacia la otra persona son una lucha interior, entre el deseo y la realidad. Pero por ello ¿tenemos que renunciar al amor para siempre?

El poema nos expresa que ese sentimiento hacia la otra persona ya parece no poderse recuperar. Al igual que ocurre con nuestras relaciones actuales sólo queda el recuerdo de los momentos felices que vivimos con la persona (aquí suponemos que es Lesbia, aunque explícitamente no se nombra ni a ella ni a ningún otro posible amante). Pero, enseguida, viene a la mente ese acuerdo mutuo que os prometisteis. Mi consejo es que os mantengáis firmes en las decisiones que toméis y las expreséis; a pesar de todo, una actitud mala es la que hace que se justifique esa despedida.

Y, aunque intentemos retener a nuestro lado a quien amamos, tampoco juguemos a hacernos las víctimas o realizar chantaje diciendo: *"Sólo yo te puedo brindar el amor que buscas"* o deseándole futuras desgracias. Pues ese futuro que soñabais juntos y que habéis vivido ya no se dará más; por ello no hay que desearle nada malo a la otra persona, ya que por muy bien que lo hayas pasado con ella, esas experiencias y vivencias ya no se pueden recuperar ni volver a vivir: su futuro es ahora distinto del tuyo.

Ahora, veamos un pequeño resumen esquemático de la ruptura.

Primero, estar dispuesto al abandono; luego, la nostalgia de un pasado que puede regresar y la posibilidad de perdonar; después, una nueva solución al abandono. Los motivos son claros. Absoluta decisión de despedirse; *"Así te amé yo. Recuerdo el pasado y quiero regresar a él"*. Pero cualquier amigo y amiga te diría: *"¡Detente! La nostalgia te engaña. Aguanta y abandona"*.

Podemos recapacitar y no prescribir a la persona amada únicamente la incertidumbre de su futuro; vamos progresando, al igual que hace Catulo en su poesía. Aunque sigamos como al principio, hay que expandirse con un giro a nuestro pasado, que es proyectado en el futuro. En Catulo es muy frecuente ver que nos presenta, en primer momento, un espacio sin ningún tipo de detalle donde sólo se centra en la actitud de los personajes. Nos debemos teletransportar a un plano general que nos haga pensar en que los dos estamos solitarios, sin entendimiento ni sospecha del amor que nos inspira, a una escena concreta en la que hemos de ser espectadores y espectadoras de otro y otra amante futuro aproximándose a él o ella y embelesado de su belleza; encuentro amoroso que fue eco, dentro ya de esas correspondencias entre nuestra relación y el arte que plasmamos.

Nosotras deseamos un futuro que pretende ser el espejo de nuestros pensamientos, de unos pensamientos que además quedan inmortalizados en nuestro arte, en ese arte que denuncia un amor extrañamente correspondido. Se podría hacer un paralelismo con los poemas de Safo, donde nos quedamos enamorados de manera repentina y embobados con la belleza de la otra persona.

Por ejemplo cuando te invitan a salir: "Te invito a salir porque me gustas" o cuando ya se ha producido el enamoramiento: "No sé qué me pasa contigo, no puedo dejar de pensar en ti". En efecto, ya describimos el hecho concreto del amor ya fundado y establecido y de pertenecer sentimentalmente al objeto del amor. A ello aludimos habitualmente en nuestro arte, tanto a la exclusividad (que dicha pertenencia conlleva) de nosotras hacia la persona amada, como de la persona amada hacia nosotros y nosotras. En el poema 72, Catulo afirma:

Decías entonces que solo a Catulo conocías,
Lesbia, y que no preferirías a Júpiter antes que a mí.
Yo te amaba entonces no como el vulgo a una amante,
sino como un padre ama a sus hijos y yernos.

Enamorados, pero ni para él ni ella volverá a repetirse nunca más. Y nosotras hemos sido al inicio la amante y punto de partida.

La parte física de la relación, supone el fin y la concreción del enamoramiento. Revelamos nuestros actos de amor con la persona amada; al principio, con precisión a la vez de un contexto general y abriendo la escena parcialmente aludiendo a los preliminares de ello (darse un piquito) y desde ahí lo extendemos con estilo e igualándolo con momentos parecidos sentimentalmente, pero de mayor contenido erótico (un mordisquito en los labios). Este último momento concreto, el conjunto que hemos descrito, desciende de lo general a lo particular y determinado, de lo universal a lo preciso y a lo que se puede medir. Este momento del amor tampoco podrá vivirse en adelante, no al menos tal como nosotras lo reflejamos apasionadamente en nuestras acciones.

Parece, pues, que la escena de la persona amada sola y sin posibilidad alguna de un nuevo amor, no es más que una proyección futura del relato de un pasado ya vivido. Nuestra incertidumbre e indeterminación han puesto a nuestro servicio el uso de figuras retóricas tales como la anáfora y la insistente requisitoria. La importancia de estos dos recursos es absoluta como prueba del estado vacilante de nuestra alma. Encontramos, en la identidad de un acto estilístico, una contemplación que no es literaria sino accesoria, pues a menudo concuerda con nuestros problemas personales y refleja la imposibilidad de la que no es capaz de salir. Aunque la idea general que recogemos, al margen de ser un pecado exponente de nuestra habilidad en el uso de recursos estilísticos, contestamos, si hemos de centrarnos en el sentimiento que los sustenta, a esa apelación global y humana a las pasadas experiencias que no podrán recuperarse ni viviremos nunca más; parece que dictamos con nuestras inciertas palabras el final de la Rima LIII de Bécquer, cuando el poeta sevillano, con un tono que suena reprochador, decía al despedirse de su ex amor:

>...*pero mudo y absorto y de rodillas,*
>*como se adora a Dios ante su altar,*
>*como yo te he querido..., desengáñate,*
>*¡así no te querrán!*

Aunque también podemos suponer, en esa determinación, una vaga esperanza de perdón y retorno.

DEL PLOMO AL ORO: PSIQUE Y EL CUERPO COMO MATERIA DE TRANSMUTACIÓN

CRISTINA CHAIN

Había en cierta ciudad un rey y una reina; tuvieron tres hijas y las tres llamaban la atención por su belleza. Por muy agradable que fuera el aspecto de las dos mayores, el lenguaje humano podía celebrar dignamente, al parecer, la gracia de su hermosura. Pero la perfección de la más joven era tan extraordinaria, tan maravillosa, que la voz humana no tenía palabras para expresarla ni ponderarla adecuadamente. Muchos ciudadanos y no pocos extranjeros, que acudían en masa atraídos por la fama de la excelsa maravilla, quedaban atónitos ante esta belleza sin par y, llevándose a la boca su mano derecha con el dedo índice colocado sobre el pulgar erecto, veneraban a la joven con devota adoración, como si fuera la diosa Venus en persona. Ya se había extendido la noticia por las ciudades vecinas y por las regiones circundantes: la diosa, decían, engendrada en las profundidades azuladas del Océano y formada con la sutil espuma del oleaje […] Este exagerado traspaso de honores divinos a favor de una simple mortal inflamó de violenta cólera a la verdadera Venus […] inmediatamente llama a su hijo, el niño alado y atrevidillo que, menospreciando la moralidad pública, armado con antorchas y flechas, recorre de noche las casas ajenas, malquista todos los matrimonios y comete impunemente los peores escándalos sin hacer nunca nada de bueno. Aunque él es ya insolente por su connatural desvergüenza, ella lo incita además con sus palabras, lo acompaña a la mencionada ciudad y le presenta a Psique. […]

El padre de la infortunada princesa está desesperado y sospecha que es víctima de la maldición divina. Por temor a la ira del cielo, consulta el antiquísimo oráculo del dios de Mileto; con oraciones y sacrificios pide a tan alta divinidad una boda, un marido para la doncella sin pretendientes. Apolo, aunque griego jónico, como atención al autor de una composición de estilo milesio, formuló el siguiente oráculo en latín:

"Sobre una roca de la alta montaña, instala, ¡oh Rey!, un tálamo fúnebre y en él a tu hija ataviada con ricas galas. No esperes un yerno de estirpe mortal , sino un monstruo cruel con la ferocidad de la víbora, un monstruo que tiene alas y vuela por el éter, que siembra desazón en todas partes, que lo destruye todo metódicamente a sangre y fuego, ante quien tiembla el mismo Júpiter, se acobardan atemorizadas las divinidades y retrocen horrorizados los ríos infernales y las tinieblas del Estigio".

El rey, feliz en otros tiempos, al conocer la respuesta del oráculo divino vuelve desmoralizado y triste a su palacio y explica a su esposa lo que prescribe el aciago destino. La desolación, las lágrimas, los lamentos duran varios días. Pero llega ya el tétrico momento de cumplir la cruel sentencia del destino. Ya se dispone para la desgraciadísima doncella toda la pompa de la fúnebre boda. La llama de las antorchas se apaga entre cenizas y negras humaredas; la música de la flauta nupcial es sustituida por el triste ritmo de las modulaciones lidias; y el alegre canto de Himeneo acaba en lúgubres llantos; y la joven contrayente se enjuga las lágrimas con su propio velo de novia. La ciudad entera se asociaba al dolor de esta familia afligida por un triste destino, y el dolor del pueblo se traduce en unánime e inmediato duelo general. Sin embargo, la ineludible necesidad de obedecer a las órdenes del cielo reclamaba a la pobrecita Psique para el suplicio que le estaba destinado. Ultimado, pues, en medio de una profunda tristeza, el solemne ceremonial de este himeneo de muerte, se pone en marcha el cortejo fúnebre para enterrar a una persona en vida; la población en masa toma parte en la comitiva. Psique, bañada en lágrimas, no asiste a la propia boda, sino a las propias exequias. […]

Sobre la espesa capa de verdura, Psique, cómodamente recostada como en un lecho de césped, recobró, tras la violenta conmoción, la serenidad de su mente y se entregó a un suave descanso. Bastante repuesta, se levanta tranquila de su plácido sueño. Ve un bosque de árboles altos y frondosos, ve una fuente cuyas aguas tenían la transparencia del cristal; entre los árboles, y precisamente en el centro del bosque y junto a la corriente del agua, había una mansión real: en su construcción no había intervenido la mano del hombre, sino el arte de la divinidad. Bastaba acercarse a la entrada para darse uno cuenta de que tenía ante sí la lujosa y plácida resistencia de alguna divinidad. […] Después del opíparo banquete, entró alguien y se puso a cantar, sin dejarse ver; otro tocó la cítara, y hasta la cítara era invisible; después deleitó su oído un número de conjunto, ejecutado por numerosas voces; aunque no se veía a nadie, era evidente que se trataba de un coro humano. Tras estas deliciosas amenidades, la hora avanzada de la tarde aconsejaba a Psique que fuera a dormir; así lo hizo.

Entrada ya la noche, un ligero ruido llamó su atención. Temiendo por su honor en medio de tan profunda soledad, se asusta, se horroriza y, más que cualquier desastre, le inquieta lo desconocido. Ya estaba a su lado el marido misterioso; subió al lecho, hizo de Psique su esposa, y, antes de que volviera la luz del día, había desaparecido apresuradamente. Sin demora, las voces, que esperaban ante la alcoba, presentan sus cuidados a la recién desposada, cuya virginidad había sucumbido. Así continuaron las cosas por algún tiempo, según la ley natural, el hábito le fue haciendo agradable su nuevo estado y el timbre de aquella voz misteriosa era un consuelo para su soledad. Entretanto, sus padres envejecían sin cansarse de llorar y penar. La noticia de lo ocurrido se había divulgado a otras latitudes y sus dos hermanas mayores se habían enterado de todo; tristes y llorosas, abandonaron sin tardanza sus hogares y, rivalizando de celo, acudieron a ver a sus padres y a hacerles compañía.

Aquella noche, el esposo, dirigiéndose a Psique —pues aunque era invisible no dejaba de oírlo y de tocarlo como muy presente y real—, le habló en los siguientes términos: "Psique, adorable y querida esposa, estás en peligro de muerte, te persigue la Fortuna con acentuada crueldad; has de ponerte en guardia con la mayor cautela. He ahí mi consejo. Tus hermanas, alarmadas, te creen ya muerta y buscan tu rastro; pronto llegarán a la consabida roca. Si, dado el caso, oyeras sus lamentos, no contestes; más todavía, no vuelvas la mirada en su dirección; de lo contrario, a mí me acarrearías el más vivo dolor y a ti te esperaría la mayor de las desgracias".[…] Sin embargo, al llegar la tarde con la oscuridad de la noche, se decide de una vez y dispone los preparativos del nefasto crimen. Había entrado la noche; también estaba allí ya el marido; tras una primera escaramuza en amoroso combate, había caído en profundo sueño.

Entonces Psique, falta de valor físico y moral, pero sostenida por la voluntad cruel del destino, cobra fortaleza: va en busca de la lámpara y echa mano a la navaja: la debilidad de su sexo se convierte en audacia. Pero al acercar la luz e iluminarse la retirada alcoba, Psique ve al más dulce y amable de los animales salvajes: era Cupido en persona, el dios de la hermosura, graciosamente recostado; ante su aparición hasta la lámpara avivó su alegre resplandor y la navaja se horrorizó de su filo sacrílego. Psique, por su parte, se siente desfallecer ante la maravillosa aparición y, sin poder contener la emoción, lívida, descompuesta y temblorosa, se deja caer de rodillas y trata de esconder el arma, pero hundiéndola en su propio seno; ciertamente lo hubiera conseguido si el acero, horrorizado ante tamaño atentado, no se le hubiera escapado deslizándose entre sus manos temerarias. Agotada ya y sin esperanza de salvación, al contemplar una y otra vez la hermosura de aquel divino rostro, vuelve a recobrar los sentidos. Admira su cabeza rubia, su noble cabellera perfumada de ambrosía, su cuello blanco como la nieve, sus mejillas de púrpura, surcadas de rizos en gracioso desorden: unos le caían hacia adelante, otros hacia atrás, y su vivísimo resplandor hacía palidecer la llama de la misma lámpara; en las espaldas del dios volador se destacan sus alas blancas y resplandecientes como flores cubiertas de rocío; aunque están en reposo, el fino y delicado plumón que las ribetea se agita sin cesar en caprichoso revoloteo; el resto de su cuerpo era tan liso y brillante que no podía pesarle a Venus el haberlo traído al mundo. Al pie de su lecho estaban el arco, el carcaj y las flechas, armas propias de su divino poder.

Psique, sin poder saciar los deseos de su excesiva curiosidad, examina, maneja y admira las armas de su marido: saca una flecha del carcaj y se arriesga a probar su aguda punta apoyándola en el dedo pulgar; al temblarle el pulso y apretar más de la cuenta, se pincha y brotan a flor de piel unas gotitas de sangre sonrosada. Así, sin enterarse y por propio impulso, Psique se enamora del Amor. Arde en ella con creciente intensidad la pasión por el dios de las pasiones, y, dejándose caer sobre él locamente enamorada, lo cubre en un instante de irresistibles y palpitantes besos, aunque le contenía el temor de abreviar su sueño. Pero, mientras ella se embriaga de tanta felicidad, como la honda herida del corazón le hace perder el equilibrio, he aquí que la lámpara aquella —ya sea por vil perfidia, ya por celos criminales, ya por ganas de tocar ella también aquel hermoso cuerpo y besarlo a su manera— soltó de su mecha luminosa una gotita de aceite hirviendo sobre el hombro derecho del dios. ¡Oh lámpara audaz y temeraria, ruin servidora del amor! ¿Te atreves a quemar al dios de todo amor ardiente, cuando tú misma, como bien sabes, eres el invento de algún enamorado que quería seguir disfrutando del objeto de su amor hasta altas horas de la noche? El dios, por efecto de la quemadura, se despertó sobresaltado y, al ver que su secreto había sido divulgado y profanado, sustrayéndose a los besos y abrazos de su infeliz esposa, sin decir palabra, levantó el vuelo…

(*El asno de oro. Libros IV. 28-34; -V. 1-23*,

Apuleyo)

Allá por el año 125 nacía Lucio Apuleyo en la ciudad romana de Numidia. Apuleyo estaba muy interesado en la escritura, en la filosofía esotérica, en la medicina y en el misticismo religioso, y gracias a los textos que han llegado hasta nosotros sabemos que su capacidad de oratoria era excelente. La obra más importante de este autor es *El asno de oro* o *Metamorfosis*, ya que es la única novela latina completa que conservamos. Los demás textos que conocemos de él son obras filosóficas, con la excepción de un discurso de defensa judicial, llamado *Apologia o Pro se de magia*, en el que se defiende personalmente ante la acusación de haber utilizado la magia para engatusar a una viuda adinerada.

En la *Apologia*, Apuleyo se defiende de las acusaciones de magia con bastante estilo y gracia. En lugar de negar todo, demuestra que conoce muy bien el tema, sobre todo la *teúrgia*, una especie de magia más "seria", cercana a la religión y la filosofía. Lo que hace es transformar lo que parecía sospechoso en algo que, según él, cualquier filósofo debería manejar. Básicamente dice que entender estas cosas forma parte del camino para llegar a ser un hombre. Gracias a cómo argumenta, lo que al principio suena a brujería se convierte en parte del trabajo filosófico. En su época, saber de filosofía era una señal de ser un buen ciudadano; y Apuleyo lo vuelve a su favor.

Dejando de un lado la cuestión más formal (aunque más tarde volveremos al misterio de si Apuleyo es mago o no), nos adentramos en lo literario para abordar lo que nos atañe en este capítulo. Como hemos comentado antes, *El asno de oro* es la obra más relevante de Apuleyo. En ella se encuentra un mito muy famoso y recordado a lo largo de la historia, que es el mito de Eros y Psique.

Tras el fragmento que aparece citado al principio de este capítulo, el mito continúa. Después del evento de la lámpara de aceite, Afrodita se llena de cólera ya que Psique no solo ha ofendido a su belleza, sino que también ha herido a su hijo. Es por esto por lo que decide castigarla, sometiéndola a una serie de pruebas imposibles.

La primera consiste en clasificar una enorme mezcla de semillas de distintos tipos antes del anochecer. Ayudada por unas hormigas compasivas, Psique logra cumplir con la tarea.

La segunda prueba es obtener un copo de lana dorada de unos carneros salvajes y violentos. Psique, guiada por una caña parlante, aprende a esperar el momento adecuado para recoger la lana sin arriesgar su vida.

La tercera prueba le exige traer agua del río Estigia, un manantial inaccesible incluso para los dioses. Esta vez, es un águila enviada por Zeus quien la asiste.

Finalmente, Afrodita le ordena descender al inframundo y recoger en una caja un poco de la belleza de Perséfone, la esposa de Hades, reina del submundo. Durante el regreso, vencida por la curiosidad, Psique abre la caja y cae en un sueño profundo, una especie de muerte simbólica. Cupido la rescata, y tras intervenir ante los dioses, Psique es perdonada, inmortalizada y unida en matrimonio eterno con Eros. Psique obtiene la inmortalidad tras beber la ambrosía, un manjar divino que otorgaba a los dioses la eterna juventud. Conviene aclarar que en este capítulo nos referimos siempre a un Eros muy concreto ya que en la mitología clásica hay una pequeña diferenciación entre dos Eros; uno más antiguo, vinculado a los cultos mistéricos, y uno más relacionado con la imagen —quizá también más conocida en la posteridad— del bucólico Cupido. Por lo que anteriormente comentábamos sobre el contexto del autor, intentaremos abordar este mito entendiendo a Eros en su versión antigua, al Eros que nació del huevo que la Noche engendró en primer lugar según Aristófanes, al Eros que emergió del Caos brillando como una antorcha ardiente; en definitiva, a Eros como fuerza primordial creativa, como el propio cuerpo humano.

Si leemos el mito de Eros y Psique con cierta atención, sin apurarnos, lo que aparece es una especie de mapa de la conciencia humana, dibujado con símbolos. El alma, encarnada en

Psique, no puede conocer al deseo en su estado más puro. Puede sentirlo, entregarse, pero no verlo. Y cuando finalmente decide encender la lámpara (es decir, cuando intenta comprender lo que está viviendo), todo se derrumba. ¿Por qué? Porque el conocimiento racional no siempre es compatible con la experiencia inmediata del deseo. Porque hay momentos en que saber y sentir son excluyentes.

Me atrevo aquí a hacer un paralelismo con el pensador alemán Schopenhauer, ya que esto nos puede ayudar a atravesar la apariencia del mito. Para él lo que gobierna al mundo no es la razón, ni el alma elevada, ni algún tipo de armonía cósmica: es la voluntad. Una fuerza oscura, sin forma, que se expresa a través del cuerpo y que nunca se satisface del todo. El deseo no es romántico ni poético, es una trampa, algo que nos empuja a actuar, a buscar, a necesitar, pero que nunca nos deja en paz. Y eso está en el mito, en el relato del mito, de manera brutal; lo vivimos como lectores con desesperación cada vez que Psique cae en la curiosidad antes que en el deber. Psique no puede mirar a Eros porque el cuerpo, como canal del deseo, no está hecho para entender, sino para arder. Hay una lectura trágica también: la de amar a alguien y no poder saber quién es. Sentirlo cerca cada noche y no poder mirarlo a los ojos. Como si el alma estuviera condenada a vivir lo más importante a oscuras.

Y cuando intenta salirse de esa norma, o sea cuando busca la verdad, cuando quiere ponerle cara al deseo, lo pierde. Pero Psique no se queda quieta, se lanza a una búsqueda desesperada, marcada por pruebas que, vistas con ojos simbólicos, son tránsitos internos, son movimientos del alma. Ordenar el caos, aprender a no actuar por impulso, enfrentarse al miedo, descender al dolor más profundo, todo ello es un proceso de *individuación*, de maduración, de sublimación (como dirían los alquimistas).

Para Schopenhauer el cuerpo es una especie de cárcel que nos impide ver las cosas tal como son; y el mito nos dice que sí, que el cuerpo es un velo, pero es el único que tenemos. El cuerpo, con todo lo que implica, es un laberinto que es necesario superar. Psique no escapa de su condición corporal para salvarse, sino que la transita, la atraviesa, la acepta. Y es en ese camino donde se transforma. De hecho, una vez que Psique bebe de la ambrosía y obtiene la inmortalidad, es representada con unas alas de mariposa. Como en el proceso de metamorfosis del insecto, Psique también sale de una crisálida para convertirse en algo bello y perfecto.

Esta historia se repite en la narrativa popular en numerosas ocasiones. En un mundo mucho más onírico y surrealista, tenemos a Alicia de *Las aventuras de Alicia en el País de las Maravillas* (1865) de Lewis Carroll, en el que aparece un personaje, también alegórico a la metamorfosis de la mariposa, que es una oruga que fuma en pipa. En la adaptación a la gran pantalla de Tim Burton, el director incluso se toma la licencia de convertir a la oruga en mariposa coincidiendo con el final del camino de la protagonista.

En la cultura popular oriental tenemos a *Chihiro* en *El viaje de Chihiro* (2001) de Hayao Miyazaki. Es incluso más fácil establecer paralelismos con esta obra ya que tenemos la figura de Haku, una criatura que tiene forma doble: la de un joven apuesto y la de un dragón terrible. Esa ambigüedad no es un error, es parte de lo que representa. Haku tiene algo que se escapa todo el tiempo, como el propio deseo, como Eros. No se deja conocer del todo, pero tampoco desaparece. Chihiro no entiende quién es, pero sabe que debe protegerlo y en sus intentos de escapar de esos baños dantescos, la ayuda de Haku se vuelve vital. En el desenlace de la historia descubrimos que Haku es en realidad un espíritu del río, una especie de deidad de otro mundo y Chihiro no regresa igual, ya no es una niña asustada. Ha visto lo que no se puede nombrar, ha atravesado espacios que no responden a la lógica, ha sentido cosas que no se entienden. Y ha sostenido todo eso sin romperse. Su viaje no es el de la victoria, es el de la transformación. Como Psique, no escapa de lo humano. Lo vive. Lo atraviesa. Lo recuerda. Y sobrevive con algo nuevo entre las manos.

Este viaje aparece una y otra vez disfrazado de otros nombres. Alicia atraviesa mundos absurdos para entenderse. Chihiro cruza un espacio extraño y caótico acompañada de un ser que tampoco puede nombrar del todo. En cada historia, lo que se repite no es la trama, es la experiencia de transformación. Estos son ejemplos más modernos, más universales, pero la realidad es que los humanos llevamos mucho tiempo entendiendo la evolución de la mente como si fuera un elemento más de la naturaleza.

Como mencionábamos al principio Apuleyo era un iniciado en los saberes esotéricos. De hecho, estudiosos como Carl Jung, Mircea Eliade y Robert Graves consideran el *Asno de oro* una narración sobre una experiencia mistérica, probablemente basada en los Misterios de Eleusis (con los que, recordemos, estaría quizá relacionada la versión primitiva de Eros) y otros cultos. En estos ritos, la experiencia del dolor era necesaria para ascender espiritualmente. Se trata, en resumidas cuentas, de morir antes de morir físicamente para poder renacer en conciencia. Todo este simbolismo y misterio puede parecer una nube de humo, pero en realidad hay un mensaje atemporal y que considero bastante útil, sobre todo hoy en día. En un tiempo donde la ansiedad, la depresión, el trauma y la alienación son tan frecuentes la historia de Psique nos recuerda que no estamos rotos; solo estamos en tránsito.

DE LOS ENREDOS DE EROS

SORAYA RUBIO

(…) Sus barbas eran más rubias que las siemprevivas, sus pechos brillaban más que tú, oh Luna, como si acabaran so de dejar el placentero ejercicio del gimnasio.

Mira de dónde llegó mi amor, augusta Luna.

En cuanto lo vi, me volví loca, y mi pobre corazón quedó abrasado. Desvanecióse mi prestancia. Ya no paré mientes en aquella procesión, y no sé cómo volví a casa. Comencé a tiritar de ardiente fiebre y estuve en cama diez días y diez noches.

Mira de dónde llegó mi amor, augusta Luna.

Y mi tez se tornó con frecuencia del color del fustete, caíanme de la cabeza todos los cabellos, y me quedé sólo en la piel y en los huesos. ¿Qué casa dejé de visitar? ¿A qué vieja dejé de acudir que entendiera de encantamientos? Pero no hallaba alivio, y el tiempo pasaba.

Mira de dónde llegó mi amor, augusta Luna.

Y así conté a mi esclava la verdad: «Vamos, Testílide, encuentra un remedio para mi cruel enfermedad. El mindio se ha adueñado enteramente de mi persona desdichada. Ve y espía la palestra de Timageto, pues allí suele ir, allí le gusta estar».

Mira de dónde llegó mi amor, augusta Luna.

» Cuando sepas que está solo, hazle una seña en secreto, dile: "Te llama Simeta", y tráelo aquí con discreción.» Así le hablé. Ella fue y trajo a Delfis con su piel brillante hasta mi casa. Yo, en cuanto lo vi franquear con su ágil pie el umbral de mi puerta

Mira de dónde llegó mi amor, augusta Luna.

me quedé toda más helada que la nieve, de mi frente corría a chorros el sudor, cual húmedo rocío; no podía hablar, ni los balbuceos siquiera que los niños dicen es sueños a su madre querida. Todo mi hermoso cuerpo quedó enteramente igual a una muñeca.

Mira de dónde llegó mi amor, augusta Luna.

Al verme, el hipócrita fijó su vista en el suelo y se sentó en la cama. Allí sentado, dijo: «Sabes, Simeta, al invitarme a tu casa te adelantaste a mi venida tan poco como adelanté yo en la carrera al seductor Filino el otro día.

Mira de dónde llegó mi amor, augusta Luna.

» Pues yo hubiera venido, sí, por el dulce Amor, que hubiera venido en cuanto fuera de noche con dos o tres amigos, llevando manzanas de Dioniso en mi seno y en mi cabeza una corona de álamo blanco, el árbol consagrado a Heracles, entretejida toda alrededor con bandas escarlata.»

Mira de dónde llegó mi amor, augusta Luna.

» Y si me hubierais recibido, habría sido una delicia (que yo tengo fama de ágil y de guapo entre todos los jóvenes), y me habría dormido contento sólo con haber besado tu hermosa boca; pero si me hubierais mandado a paseo y la puerta hubiera permanecido cerrada, seguro que habríais recibido la visita de hachas y de antorchas.»

Mira de dónde llegó mi amor, augusta Luna.

»Ahora, empero, confieso que ante todo soy deudor de Cipris, y después de ella, tú eres quien me ha salvado del fuego, señora, al haberme citado en tu casa, medio abrasado como estoy de pasión. Amor, en verdad, muchas veces enciende una llama más ardiente que las de Hefesto en las Líparas islas.»

Mira de dónde llegó mi amor, augusta Luna.

»Con funesta locura, hace huir a la doncella de su morada, y a la recién casada abandonar el lecho aún caliente de su esposo.» Así habló él, y yo, la muy crédula, lo tomé de la mano, y le hice acostarse en la mullida cama. Enseguida un cuerpo daba calor al otro cuerpo, estaban nuestros rostros más encendidos que antes, susurrábamos con dulzura. En fin, para no alargarme más, Luna amiga, se consumó todo, y satisficimos ambos nuestro deseo. (…).»

(Idilio II *"La hechicera"*, vv. 79-144,
Teócrito).

Los enredos de Eros y Afrodita, diosa Citerea del deseo y capricho sexual, del erotismo, son recurrentes en el pleno de la literatura de la Antigüedad clásica. Si bien es cierto que el tópico abarca la cotidianeidad humana, se eleva culturalmente al plano olímpico, pudiendo así establecer su carácter universal, en cuanto que pertenece al ámbito más mundano, pero no escapa de lo divino.

El relato erótico, en la medida en que es manifestación de la condición primaria de nuestra especie, aparece transversalmente en los contextos locales a lo largo y ancho del planeta, con las diferentes concepciones sobre la sexualidad, agentes y dinámicas que ello nos permite vislumbrar. Estas líneas versarán, entonces, en torno al *desidium*, tanto satisfecho como desencantado, en el contexto de la Hélade.

Sobre el erotismo y el deseo en la literatura antigua

Se puede comprender el surgimiento de la literatura erótica griega desde varios ejes. Se establecerá el siguiente criterio para comprender a qué se refiere. Entre los márgenes de este concepto se incluirá el grueso de textos y producción escrita que contenga la cuestión de deseo, de la libídine en cualquiera de sus direcciones; puesto que se utiliza como motivo para explicar diferentes cuestiones socioculturales, pudiendo ello referirse desde la misma muestra de la pasión, a la reafirmación de la autoridad o soberanía, a la diferenciación entre la lujuria y la pasión con respecto a la institución del matrimonio, a la propagación de ciertas doctrinas —cinismo— y una amplia serie de fundamentos con sus diferentes rasgos, como se apreciará más adelante.

El periodo histórico que abarca entonces este asunto podría comprender las creaciones tanto orales como escritas desde época arcaica (VIII a.n.e.) al final de la Antigüedad (fijado en Occidente a finales del siglo V d.n.e.), pudiendo esto coincidir con el asentamiento e implantación de una doctrina cristiana más restrictiva.

Los orígenes del concepto de *eros* se remontan a los albores de la civilización heládica, puesto que aparece, por ejemplo, en la *Teogonía* de Hesíodo, con un papel bastante relevante al ser el tercer ser divino surgido en una amplia lista de deidades y de relaciones de parentesco que el autor desarrolla paulatinamente. No obstante, la presencia del dios irá transformándose para recordarse como el cómplice, a veces de Afrodita; aunque habrá varias atribuciones a Eros (Cupido) y fluctuará su carácter en los diferentes ritos.

¿En qué escenarios surgen las discusiones o representaciones de estos temas?

En un inicio en el que predomina la tradición oral, el simposio es clave para la cuestión erótica, surgiendo todo un corpus literario adaptado a las condiciones de este ambiente, dando lugar a debates registrados filosóficos y sociales sobre el amor, las relaciones heterosexuales y homoeróticas, la vida conyugal, la figura de las *heteras*, la rivalidad, el sufrimiento de los amantes...

Teniendo en cuenta que el mayor porcentaje de literatos es masculino —salvadas excepciones— y, en este ámbito concretamente, supondrá una diferencia notable en cuanto al tratamiento de las figuras y las anécdotas, el protagonista de estos relatos tiende a ser femenino, tanto en aquellos de matices cómicos como en aquellos de trágico desenlace, en la transversalidad de los géneros —p.e. desde la épica *Odisea* con Circe o el "Himno a Afrodita" de Homero—. A pesar de ello, este tópico en la literatura erótica antigua está cargado de notas misóginas (véase Semónides de Amorgos en su reconocido "Yambo a las mujeres", Hiponacte, Teognis). Cabe destacar que la literatura erótica que se ha atribuido a escritoras carece de estas connotaciones, por lo menos de manera tan explícita, aunque el corte contemporáneo pudiese observar con reticencias las composiciones para los himeneos, por ejemplo, que aparecen en Safo, por lo que implican *per se*.

La desconsideración hacia la figura de la mujer acostumbra a ser la tónica general en gran parte de las producciones literarias antiguas —pensemos en *Medea* de Eurípides—, si bien es cierto que, en otras ocasiones, no terminan tampoco bienaventurados algunos protagonistas masculinos —*Hipólito* del mismo autor—.

Además, los poemas amorosos eróticos tienden a tomar por protagonistas a los amantes.

La cuestión de los tópicos y metáforas desarrolladas para este ambiente pasional se considera de un carácter tan sumamente profundo, que se reserva este escrito a ofrecer algo más que unas pinceladas para una visión genérica de la materia.

En muchas ocasiones el tópico de los vínculos sexuales trae implícitos elementos de desprecio, de intensa carga aversiva y de inquina. Ello puede venir provocado por la circunstancia del amante abandonado o del rechazo y la reacción consecuente, con la presencia ineludible de la vergüenza y la venganza.

Por otro lado, son comunes las escenas de sexo extramarital; nos sugieren que hay una tendencia general en la literatura antigua a que el contenido de los matrimonios no sea tan interesante o estimulante como el de los encuentros momentáneos y fogosos. Podemos apreciarlo en la misma *Odisea*, puesto que cuando Ulises completa su *nóstos* y se reestablece como rey de Ítaca y esposo de Penélope en plenas funciones, la historia se da por finalizada.[11]

---

11. Apareciendo esta idea en Rutherford, R. (1991). *Classical literature: a concise history*. John Wiley & Sons.

Las implicaciones y símbolos en los vínculos sexuales podrían dar lugar a un dilatado estudio de extenso contenido; en el presente documento se expondrá que estas metáforas utilizadas terminarán por convertirse en tópicos literarios.[12] Quizás, las más reconocibles en nuestro imaginario actual sea el amor como: fuego (*flamma amoris*), locura (*furor amoris*), herida (*vulnus amoris*), dolor, enfermedad o yugo (aunque sería interesante analizar cómo evolucionan estas ideas). El amor en el padecimiento se contempla como una patología médica en tanto que se tratan de satiriasis o de ninfomanía[13]. Cabe destacar que algunos motivos aparecen en culturas también milenarias como la hindú —por ejemplo, el escenario de la naturaleza o la relación entre animales—. Las descripciones de la belleza, perfección e idealización del sujeto amado forman también un tópico (*descriptio pulchritudinis*).

Más aún, aparece una cuestión sobre la que una se cuestiona si no es ineludible a la condición humana y, concretamente, a la experiencia del enamoramiento, ya que se presenta de manera cruzada a lo largo y ancho del planeta y de las diferentes artes o expresiones del sentimiento, pese a que filosófica y espiritualmente se le hayan propuesto diferentes respuestas/ soluciones; el sufrimiento del/ de los amantes, ligado a la no correspondencia,

12. De gran gusto es para esta materia, la obra de la Dr. Pilar Hualde Pascual (*Metáforas del amor en la poesía de la Grecia antigua (I): la épica y la lírica arcaicas* y *Metáforas del amor en la poesía de la Grecia antigua (II): De la tragedia ática a la poesía helenística*).

13. En esta fuente desarrolla la cuestión de la hipersexualidad masculina y cómo los antiguos griegos lo enunciaban como afección: Benítez Rodríguez, E. (2007). Sabino PEREA YÉBENES (coord.), Erótica antigua. Sexualidad y erotismo en Grecia y Roma." Monografías y Estudios de Antigüedad Griega y Romana", 28. Madrid: Signifer Libros, 2007.

a la separación, a la traición o a la venganza; a las afecciones físicas que esta constante del desamor provoca, como el insomnio o la angustia somatizada.

Por último, se mencionará el nexo parcialmente habitual entre el *eros* y la magia, pues existe una tendencia, en la Antigüedad clásica, al menos, a pactar con dioses, invocar buena fortuna en los enlaces deseados o escarnio en aquellas relaciones malavenidas, conjura de encantamientos o de hechizos… Se manifiesta una estrecha relación entre esoterismo y amor en las fuentes griegas. Una constante es la invocación a la luna, por parte de los enamorados, por cuestiones en las que se profundizará examinando el fragmento de Teócrito.

La literatura erótica griega engloba multitud de géneros, así autores como Homero, Hesíodo y Apolonio; en la lírica de la mano de Safo, Alceo, Anacreonte, Teognis, Íbico o Píndaro; en las tragedias de Esquilo, Sófocles, Eurípides, en la comedia de Aristófanes; en la filosofía constantemente referido con Platón Aristóteles, Plotino; en la oratoria de Gorgias o Demóstenes; en la novela de Leucipa y Clitofonte, Metíoco y Parténope, en la epistolografía de Alcifrón, en los himnos con Homero; en literatura para simposios que producen Platón, Jenofonte, Plutarco, Luciano, Ateneo, o Juliano; en cuentos, en los que se indagará por fuente vehicular de anécdotas entre civilizaciones; tratados médicos del conocimiento de Galeno o Rulo de Éfeso; en discursos eróticos atribuidos a Platón, Máximo de Tiro, Ateneo de Náucratis y en los epigramas.

Seguidamente, se desglosarán de forma sucinta los géneros del discurso erótico, de los epigramas, de los cuentos eróticos y del subgénero de los "Idilios", por encontrar en ellos una fuerte carga sexual.

Los discursos eróticos constituyen un género literario menor; sin embargo, los vestigios literarios datan de época arcaica (s. V a.n.e.). Su formato tiende a mantener un mensaje del *erastés* al *erómenos,* tal y como señala Martínez Hernández, o sobre el origen de los anhelos. Aparecen obras filosóficas como el *Encomio de Helena* de Gorgias, *Fedro* y *El Banquete* de Platón o en el *Diálogo de las heteras* de Luciano –(cuya cronología permite observar la perduración del género en la tradición literaria), donde se vislumbran ya los tópicos recurrentes que se retomarán en el estudio del fragmento inicial señalado —para dar lugar a la idea de que, más allá del género y del contexto histórico, los patrones y las dinámicas van permeando y se van repitiendo. Estos tópicos son de gran variedad, pues aparecen desde elogios a Eros en su figura de dios no cosmogónico como en Hesíodo—, a las mujeres castas y al matrimonio; descripciones de la belleza; o debates sobre qué tipo de amor es mejor entre iguales o distintos sexos. Los ecos de Ánite de Tegea, Erina de Telos, Nóside de Locris, Mero de Bizancio o Hélide retumban en estas líneas. Poetisas y epigramistas del periodo helenístico (s. IV-II a.n.e) para las cuales hay un amplio rango de descubrimiento.

En los epigramas —gran parte de ellos conocidos gracias a la labor de conservación de Constantino Céfalas, que recopiló el mayor *corpus* de epigramas hasta entonces realizado— se aprecia un contenido erótico, por un lado, mientras que, por otro, se encuentra también mensajes elegíacos. De aquella primera reunión de compilaciones, se fueron añadiendo obras hasta completar la *Antología palatina* (917 d.n.e.), fuente a la que se acude para conocer estas breves composiciones; habiéndose organizado por temáticas por diferentes eruditos, aunque, como se ha establecido, predominase la cuestión lúbrica. Debe considerarse que las escritoras no se limitaban a la forma de epigrama, sino que escribían además poemas más extensos de los que se conservan fragmentos a través de fuentes secundarias, tal y como establece Richard Rutherford tratando la amplia cuestión de la literatura erótica.

La producción de cuentos de dicha temática se origina a partir de la época helenística. Es sugestiva la cuestión del influjo de las culturas circundantes en este periodo: se trata de un contexto griego, latino e hindú entre quienes fluctúan arquetipos de personajes, relatos. La pervivencia del anecdotario erótico que se conserva apenas incluye íntegros cuentos de este carácter anteriormente (en época clásica hay muy pocas fuentes directas, estas narraciones se tendían a cultivar en otros géneros). Sin embargo, la herencia de los cuentos se mantiene hasta nuestra misma tradición puesto que, como se ha expuesto inicialmente, la temática seguirá siendo de riguroso orden del día en la contemporaneidad (proyectando tensiones y distensiones entre el adulterio, la homosexualidad, la burla, el engaño, el castigo…).

Respecto a las fuentes griegas, la gran mayoría de documentación aparece de manera fragmentaria; empero, subsisten recopilaciones mixtas de este género —por épocas como obras propias, por épocas como ejemplos o citadas bajo un pretexto circunstancial—. Por añadidura, las colecciones no son exclusivas o específicas de la temática, a excepción de las *Fábulas Milesias* de Arístides de Mileto (s. II a.n.e.), traducido al latín por Cornelio Sienna y cuya obra debió de tener una fuerte repercusión a nivel vulgar, pues se relatan anécdotas de la propia historia del libro.[14]

---

14. Descrito el suceso por Plutarco en *Vidas paralelas* (Vida de Craso): "Mas reuniendo el Senado de los Seleucienses, les presentó los libros obscenos de Aristides, llamados Milesíacos; esto ya no fue inventado, porque se encontraron realmente en el equipaje de Rustio y dieron ocasión a Surenas para motejar e infamar a los Romanos de que ni en la guerra podían estar sin entretenerse con tales objetos y tal leyenda" (trad. Antonio Ranz Romanillos),

Los siguientes recopilatorios más importantes son "La colección augustana" de Demetrio de Falero —relativa al siglo IV a.n.e.—, el "apéndice" de la colección Accursiana —más adelante, en el siglo IX—; gracias a Babrio en el siglo II d.n.e.; las diferentes "*Vidas*" —de Esopo, de Alejandro Magno por Pseudo-Calístenes, de Secundo—… En este subgénero de *Vidas*, se trata el tema erótico con un tono realista, aunque no necesariamente verídico (p.e. el *Satiricón* de Petronio, de los que podrían heredar carácter *El libro de Buen Amor* o el "Lazarillo", según Adrados). Tal y como se mencionaba en una primera instancia, se hereda este género también en su modalidad oral, especialmente en Esopo, recogido en la "Augustana". También se conocen gracias a la colección de Sintipas.

Los idilios y Teócrito

Los "idilios" conforman un subgénero literario englobado en la poesía lírica griega del periodo helenístico, tal y como sucedía con los cuentos eróticos; de los principales escritores —conservados—, será Teócrito el más reconocido. Este particularmente se desarrolla con el bucolismo como temática habitual y que la tradición literaria occidental —si bien podría exponerse que atraviesa multitud de culturas de diferentísimos puntos terrestres— ha heredado en forma de novelas pastoriles, entre las que se halla la cervantina *Galatea*. La temática amorosa es la predominante, reflejada a través de los pastores —de ahí la denominación—, desarrolladas en el *locus amoenus*, en ambientes sosegados y de sensación apaciguadora. La forma compositiva alterna uno o dos

tal y como recoge F.R. Adrados en su "El cuento erótico griego, latino e indio" (2013).

interlocutores, así como el mismo mantiene un discurso introspectivo o hacia alguna deidad.

El fragmento inaugural con que se invita a los lectores a adentrarse en este trabajo se incluye dentro del subgénero de los Idilios. Pertenecen al escritor Teócrito, siendo este el primer autor al que se le puede asignar esta categoría. El autor vivió entre los siglos IV-III a.n.e., con una producción fundamental para el Helenismo; su temática acostumbra a abordar las cuestiones amorosas en entornos naturales agradables y de una sencillez agreste —buena cuenta de ello dan sus "Bucólicas". No debe quedar por decir que también compuso epigramas, utilizando el dialecto dórico por su región de nacimiento.

En este fragmento, se observa un reclamo a la Luna, la invocación a Selene —motivo, como se ha apreciado previamente, recurrente en las cuestiones afectuosas y eróticas—.

¿Qué razones tiene la Luna para aparecer en estas coyunturas?

Este elemento es espectador involuntario de los encuentros noctívagos de los deseados, de los amantes que han de ser discretos. Plutarco en sus *Obra morales y de costumbres* ya menciona el llamamiento a la Luna por amor como un habitual en la cultura egipcia antigua.

El fragmento pertenece al Idilio II y es conocido como el de "La hechicera"; este nos cuenta el caso de Simeta, una mujer con capacidades mágicas y conocimientos en hechizos que conjura a la Selene y a Hécate (estrechamente relacionadas) realizando diferentes quemas (de laurel, por ejemplo) para retener a su amado Delfis quien le ha abandonado, valiéndose de su esclava Testílide. Por otro lado, Simeta le confesará a la Luna las intimidades acontecidas con Delfis.

El poema posee un ritmo y una cadencia constante hacia el estribillo, pues recurre a él cíclicamente, haciendo de ello el mismo encanto; el primer estribillo <<*Rueda mágica, trae tú a mi hombre a casa*>> da paso a los cuartetos de los que constará el encantamiento y cuando cambia a <<*Mira de dónde llegó mi amor, augusta Luna*>>, observamos que ya se halla relatando su consumación y desencanto a la diosa. Para ello, aparecerá el diálogo mediante el discurso indirecto de Simeta, que nos transmite aquello que le había verbalizado previamente Delfis.

Los versos escogidos dan cuenta de los tópicos eróticos comunes que se han tratado previamente, el amor produce desvaríos y estupor pues, más allá de la alabanza inicial al amado Delfis y su cabellera dorada en estos versos, tiene un efecto férvido, pierde la protagonista el sentido, quedando incluso desvalida "en cama diez días y diez noches".

Es tan invasivo el sentimiento, que se siente Simeta profundamente violentada y su posicionamiento en todo el relato es como víctima de la circunstancia de su aparición primero y del desengaño posteriormente. Reafirma esta consecución de sucesos el tema del sufrimiento de la víctima de Cupido. Simeta está somatizando el sentimiento del amor, en forma no de enfermedad lasciva, sino de patología insana que le debilita hasta el alma y la consecuente búsqueda de los remedios. El personaje de Testílide en su papel de intermediaria puede recordar a la figura de la alcahueta, tan retomada en el imaginario castellano. Por supuesto, en esa confesión se describe el encuentro sexual en la que el amor es fuego extremo, es ardiente; produciendo sudoraciones y entumecimiento —en el sentido emocional y físico—. Endulzándose de las palabras del amado, podría decirse que la hechicera está tratando de realizar un conjuro que no es sino la devolución del encandilamiento (o embrujo retórico) que previamente ha sufrido ella.

El extracto escogido de Teócrito y sus idilios encapsula parte de los tópicos y dinámicas habituales del erotismo en la literatura griega antigua, con todo que es una cuestión de amplísima discusión y de multitud de perspectivas.

Nos muestra que la literatura de la Antigüedad clásica se halla mucho más cercana de lo que pueda aparentar en la distancia, pues nuestras concepciones relacionales y emocionales siguen girando en estas órbitas aunque con nuevos matices generacionales. Quizás el planteamiento que subyace a toda esta muestra se dirija hacia la forma que tenemos para tratar —occidentalmente— la expresión del "amor físico" y cómo nos conectamos o desvinculamos a él interior y socialmente, cómo más allá de los formatos o de las dinámicas, corresponde a la realidad humana más primaria y, por ello, aparece de modo multiforme en las culturas.

EL PESO DE LAS SOMBRAS: MEDITACIÓN CON AQUILES EN LOS INFIERNOS

Anaïs Chapron

Me reconoció el alma del Eácida de pies veloces y, entre gemidos, me dirigió sus palabras aladas: 'Divino hijo de Laertes,

muy mañoso Odiseo, ¡insensato! ¿Qué proeza aún más grande

estás maquinando en tu mente? ¿Cómo te has atrevido a bajar hasta el Hades,

donde moran los muertos, vanos fantasmas y sombras de los hombres extinguidos?'

Así habló, y yo enseguida respondiéndole dije: 'Oh Aquiles, hijo de Peleo,

el más valiente de los aqueos, he venido en busca de Tiresias por ver si algún consejo

podía darme para arribar a la pedregosa Ítaca.

Pues aún no he alcanzado la tierra aquea,

ni tampoco abordé mi país, sino que tengo dolores sin cuento.

Pero no hubo antes hombre alguno más dichoso

que tú, Aquiles, ni lo habrá. Antes, en vida, te honrábamos
igual que a los dioses los argivos, y ahora tienes gran poder entre los muertos
al estar aquí. Por tanto, no te lamentes de haber muerto, Aquiles.
Así le hablé y él, al momento, en respuesta me dijo:
'No me elogies la muerte, ilustre Odiseo.
Preferiría ser un bracero y ser siervo de cualquiera, de un hombre miserable
de escasa fortuna, a reinar sobre todos los muertos extinguidos.

(*Odisea*,
XI. 478-491)

En la vida, cuando lees un libro, hay frases que te quedan en la cabeza. Permanecen mucho tiempo después de leerlas, como un eco discreto en el fondo de la cabeza. Las de Aquiles al mundo subterráneo son exactamente eso. Cuando dijo a Ulises que la gloria no sirve para nada una vez muerto, que incluso un rey entre los muertos preferiría vivir como un simple obrero... Es como si todo estuviera cambiando, como si de repente todo se aclarara.

Aquiles, el héroe perfecto, el modelo antiguo, el que uno se imagina guapo, invencible, casi sobrehumano... susurra algo profundamente humano. Él, a quien los vivos adoraban "como a los dioses", confiesa que daría todo esto por un momento al sol. Para estar solo. Es una locura, ¿no? Este héroe de la *Ilíada* transformado en sombra en la *Odisea*.

Y aunque lo leí siglos después, tengo la sensación de que también es para nosotros. Al menos para mí. Lo que dice Aquiles no es solo una idea sobre la muerte. Plantea una gran duda sobre nuestra obsesión con el éxito, con la huella, con nuestros objetivos de vida. Porque si ni siquiera Aquiles, el más glorioso de los muertos, lo quiere ya, entonces ¿qué perseguimos?

Lo que le dice a Ulises no es algo moral, es una confesión. Y eso es lo que la hace tan fuerte.

Hay algo casi triste, y al mismo tiempo magnífico, en lo que expresa: ya no quiere el papel de héroe. Ya no quiere la gloria. Solo quiere vivir. Incluso una vida difícil, una vida de nada. Solo vivir, tocar el mundo. Porque donde está, ya no existe. Y esta frase —**"Preferiría ser un bracero (...) a reinar sobre todos los muertos extinguidos"**— es un golpe suave, pero que marca.

Esta escena me persigue. Y no porque hable de la muerte, sino precisamente porque habla de la vida, de la verdadera vida. Sí, a veces la vida es pesada, absurda, repetitiva. Pero en el fondo, incluso ese peso es mejor que nada. Que la ausencia total. Y eso es exactamente lo que dice Aquiles. Es mejor adaptarse a la vida que desaparecer sin recordar y sin haber vivido.

Su mensaje no es oscuro. Es una declaración de amor. No a una vida perfecta o gloriosa, solo a la vida tal como es. Aquella en la que nos perdemos, donde esperamos, donde fracasamos, donde empezamos de nuevo. Una vida a veces diminuta, pero viva.

Hay que imaginar lo que Aquiles rechaza. Rechaza incluso la idea de que la memoria de su nombre, que las canciones o los cuentos puedan bastar para compensar el hecho de que no existe. No quiere un mito. No quiere consuelo en el recuerdo. Es radical. Quizás más que Ulises, que sigue buscando, contando, esperando.

Y entonces me pregunto: ¿las grandes historias, la epopeya, la leyenda, todo eso, no son solo formas bonitas de ocultar ese vacío? La *Odisea* no hace trampa. Se atreve a hacer hablar a un muerto que duda. Se atreve a introducir una grieta en su propia narración. Y me parece loco. Y profundamente moderno.

Es incluso postmoderno, tal vez. Porque desconstruye su propia lógica. Se contradice. Deja que la mayor figura de su mundo mítico rompa el sueño épico. Y creo que eso hace este pasaje increíblemente fuerte. No porque afirme algo. Sino porque rompe algo. Una idea del sentido, de la grandeza, del mejor final posible.

Y luego, en el fondo, Aquiles nos recuerda una cosa simple: lo que cuenta no es lo que dejamos. Es lo que vivimos. El simple hecho de estar aquí. De respirar. De oír el viento en las hojas. Cosas minúsculas, pero que escapan a los muertos.

Eso es lo que transmite. Una especie de lucidez desnuda, sin puesta en escena. No habla como un héroe. Habla como un hombre. Y esta voz, creo, habla a todo el mundo. A los que ya han dudado. A los que ya han sentido que su vida "valía" poco.

Y les dice: siempre vale la pena. Aunque no tenga una gran historia. Aunque nadie la cuente. Y en un mundo que glorifica el rendimiento, los *likes*, los currículos perfectos... esta voz, honestamente, despierta algo.

En un mundo que pasa su tiempo en la puesta en escena, Aquiles es como un error en el sistema.

Porque ahora lo que buscamos es dejar fotos, huellas dactilares, perfiles estilizados. Recuerdos que casi hemos hecho solo para mostrarlos. Y en algún lugar, creemos que nos va a sobrevivir. Que haber sido visto es haber sido.

Pero si nuestros "muertos digitales" pudieran hablar, ¿qué dirían? Quizás lo mismo que Aquiles: nada vale una mañana viva. Una verdadera fatiga. Un día sin filtro. Una presencia aunque discreta, pero real. Es mejor ser alguien que está en peligro que convertirse en un icono inamovible, suave y sin fallos.

Vivimos en una época que tiene miedo del silencio. Miedo de no producir, miedo de no existir a los ojos de los demás. Pero si realmente escucháramos lo que Aquiles nos dice, tal vez entenderíamos que no se trata de esconderse, solo de aprender a volver a ser uno mismo, en lugar de mostrarse. Respirar por sí mismo, no para que nos vean respirar.

Este momento de la *Odisea* destruye una idea: que la posteridad es suficiente para dar un sentido a la pérdida. Y todavía estamos aquí, en 2025. Corriendo tras pruebas de nuestra existencia, queriendo ser recordados. Pero en realidad... quizás es la vida misma lo que nos olvidamos de vivir.

Y eso es lo que Aquiles, ese fantasma, me recuerda. Lo importante no es ser "alguien", sino estar allí. Haber amado. Haber esperado. Haber tenido miedo. Todo lo que las grandes historias dejan de lado, pero que son nuestra cotidianidad.

Quizás también necesitamos bajar a nuestro propio Hades para escuchar esto. No para huir del mundo, sino para elegir otra cosa. El presente más que el rastro. El momento imperfecto más que la perfección fantasma. Debemos vivir el momento presente, sin pensar en el pasado, sin preocuparnos por el futuro.

Aquiles, rey de los muertos, nos dice que el mundo no necesita nuevos héroes. Necesita gente viva. Presentes. Incluso frágiles. Incluso silenciosos. Personas que eligen ser, en lugar de parecer.

Y tal vez ese es el verdadero valor hoy en día.

Lo más curioso de esta escena de la *Odisea* es que sigue hablando, incluso miles de años después. Como si estas palabras de Aquiles hubieran atravesado el tiempo y contaminados otras obras, otras épocas. Fue suficiente que Aquiles dijera "no quiero la gloria, quiero vivir" para que muchos artistas, pensadores y escritores se hicieran la misma pregunta.

Por ejemplo, en Shakespeare, el fantasma del padre en Hamlet resuena un poco con esta idea: vuelve del reino de los muertos no para pedir que se celebre su memoria, sino para que se haga justicia; y, sobre todo, no encuentra la paz. Existe este malestar, este peso de la muerte no sosegada. Hamlet mismo duda entre actuar para entrar en la leyenda o simplemente vivir. Y termina perdiéndolo todo. El dilema está ahí, una vez más: ¿es mejor vivir sin gloria, o morir como héroe? Aquiles ya lo ha comprendido.

Y está Jorge Luis Borges, obviamente. En él la muerte y la memoria son obsesivas. En varias de sus obras, cuestiona el poder de retener todo, de memorizar todo. Pero también muestra que demasiada memoria mata la vida. Por ejemplo, en su obra *Ficciones*, Funes recuerda todo... y de repente no ve nada. Está encerrado en su mente. Como un muerto ya congelado. Y aquí pensamos en Aquiles: la memoria, la posteridad, es hermosa, pero ¿realmente vale la pena?

Todo esto me hace pensar que este grito de Aquiles, lanzado en la oscuridad del mundo antiguo, se ha convertido en una especie de mensaje secreto que los escritores modernos retoman. No para hacer una epopeya, sino para salir de ella. Para decir: al final, la verdadera victoria es simplemente estar vivo, incluso sin gloria. Justo allí y disfrutar de la vida y cada momento, ya sea feliz o no.

Por último, este pasaje es particularmente importante porque ofrece una reflexión profunda sobre la vida y la muerte. Diría incluso que trastoca la visión tradicional de la muerte heroica, a menudo idealizada en la cultura griega antigua.

De esta escena se pueden extraer varias lecciones importantes. En primer lugar, nos recuerda que la vida misma, aunque sea simple o laboriosa, tiene más valor que la gloria o la fama póstuma. La búsqueda de la inmortalidad por las hazañas, tan común en la mitología griega, se relativiza frente a la realidad dolorosa de la muerte. En segundo lugar, este pasaje invita a la prudencia ante la muerte y la naturaleza de las ambiciones humanas. Ulises, en busca de respuestas sobre su destino, se enfrenta a la dura realidad de que la muerte no es un lugar de triunfo sino de decadencia.

Por último, el texto promueve la aceptación de la condición humana, la mortalidad y la fragilidad. Invita a valorar la sabiduría y la reflexión sobre la vida más que la sola valentía o la búsqueda de hazañas. En resumen, esta conmovedora meditación ofrece un profundo cuestionamiento del sentido de la vida, de la muerte y de lo que realmente importa más allá de las apariencias.

HORACIO Y LA MENTIRA DEL CARPE DIEM

HELEN PACHECO

No te preguntes —pues saber está vedado—
qué será de ti, qué de mí,
qué fin nos darán, Leucónoe, los dioses
ni quieras descifrar el tarot babilonio.
¡Será mejor pasar lo que sea que venga!
Tanto si son muchos inviernos
como si es este el último
que Júpiter te concede, este que revienta
al mar Tirreno contra las rocas,
ahora sé lista, licúa tus vinos
y, en este espacio tan corto,
ataja una larga esperanza.
Ahora mismo, mientras hablamos,
se nos huirá el tiempo, envidioso:

captura este día
y en nada le creas al próximo.

(*Oda I. XI*
Quinto Horacio Flaco)

Carpe Diem. Suena en canciones, se graba en tatuajes, se cuela en cada rincón de las redes sociales. Circula veloz, como una fórmula automática que repite su mensaje sin que nadie preste atención a lo que realmente está leyendo. La vida solo se trata de exhibirla, de estancarnos en el presente, mientras la decoramos, dado que afrontar el tiempo aterroriza más, que fingir que no existe. Esas dos palabras hoy resuenan en el eco de ese vacío disfrazado de libertad.

En un presente caracterizado por el exceso de estímulos y de información vacía al mismo tiempo, entre tanto ruido, el significado real de *Carpe Diem* se ha diluido. Lo que nació como un ejercicio de reflexión se ha convertido en parte del decorado. Cuesta pensar que al escribir en su Oda 11, Horacio lo hiciera pensando en una generación que lo interpretaría como un pretexto poético para aplazarlo todo, excepto el placer de lo inmediato, por supuesto. No se trataba de una llamada a la fuga disfrazada de belleza, menos aún se busca convertir la inacción en sentido poético y bello, es una meditación y recordatorio de que el tiempo se nos escapa. Una mirada clara, incluso cruda, de hacer visible la muerte, recordándonos con urgencia la necesidad de ser conscientes de la fugacidad de la vida.

En el transcurso de estos siglos, pocas frases han tenido tanta trascendencia transformadora como esta. Esta expresión que aparece al final del verso va dirigida a su amada Leucónoe, adoptada, reinterpretada por generaciones y resucitada después de más de dos milenios. Aquello que a finales del siglo I a.C se presenta como una invitación a la reflexión sobre el hecho de estar vivos y, al mismo tiempo, de la incertidumbre del destino y la misma fugacidad, ha terminado en una consigna de la superficialidad, desconectada de su intención inicial.

Aparentemente, Horacio, influido por el estoicismo y el epicureísmo de la época, presenta una actitud moderada, sin mostrar angustia por el futuro. El propósito del poeta no era promover el lema de la imprudencia, sino promover un ritmo de vida consciente y serena: saborear el presente sin confiar en la incertidumbre del mañana. Toda esta percepción consta en los últimos versos: *Carpe diem, quam minimum credula postero.*

Con el transcurso del tiempo este lema ha recorrido el mundo de las artes y la literatura, bajo diferentes máscaras. En el Renacimiento resurge como una celebración de la juventud y la belleza pasajera. Con el Romanticismo se viste de un tono más intenso, lleno de carga emocional y anhelo de ir más allá en el tiempo. Llegado el siglo XX, se sumerge en la cultura popular para adquirir una vestimenta nunca vista anteriormente. Se convierte en un eslogan, envuelto en la apariencia de una filosofía de vivir intensamente libre. Se promociona en los medios de comunicación, en las manifestaciones artísticas, en la industria del entretenimiento y la publicidad, tomando rumbo poco a poco hacia un uso más comercial, que reflexivo. Sin embargo, aquello que algún día fue un lema vital, se ha ido desgastando, perdiendo luz, hasta quedar en el murmullo repetitivo de las redes sociales, donde la existencia sólo puede mostrarse a través de un escaparate.

Vivimos en modo automático, refugiándonos en una simple interpretación que le hemos atribuido a estas palabras, sintiendo la pérdida diaria de situaciones llenas de estímulos vacíos sin caer en la cuenta de que nos ciegan e impiden ver aquello realmente importante, solo porque requiere más elaboración. Las circunstancias que enfrentamos en el presente inmediato nublan nuestra visión del primer escalón para lograr escalar hasta una realización personal completa.

El uso excesivo de las nuevas tecnologías como solución a cualquier interrogante que se nos presenta nos impide llevar a cabo un proceso lento de razonamiento que culmine en un resultado similar. La dificultad humana para ignorar nuestra conciencia y cuya solución inmediata es sucumbir a obligaciones insulsas, como los compromisos de ocio o de consumo. La existencia de abundancia de estímulos vacíos como los ejemplificados evidencian la procrastinación natural de lo espiritual y trascendental; y no por ello nuestra vida se vuelve insostenible. La complicación surge al revelarse el enigma que se encuentra oculto en nuestra dinámica rutina, el cual aborda el renacimiento de unos nuevos ritmos de vida y una nueva reconsideración de prioridades.

Pero ¿qué pasa cuando el contenido se apaga? ¿Qué es lo que queda cuando no te llegan notificaciones y seguidamente se acaba la batería? Solo queda el sabor amargo de la vida que se creyó vivida, pero solo fue representada. Carpe Diem se convierte en una puesta en escena. Una espontaneidad ensayada. Una libertad bajo el telón de la apariencia.

¿Es nuestra lectura errónea del *carpe diem* la causa principal de nuestro estancamiento e imposibilidad de subir ese escalón?

Horacio, en el momento de esplendor político en el que residía —la Roma Augustea—, supo mirar más allá del horizonte, más allá del orden aparente que ofrecía la estabilidad. Aunque fue cercano al círculo de Augusto, su poesía (en particular en odas como la 11) desprende un tono más personal y reflexivo: una mirada filosófica al paso del tiempo, la muerte y el valor de lo presente. Quizás sea ahí, donde el poeta trazaría una línea silenciosa entre su visión y la actual. Entendía que el tiempo no es algo que pueda guardarse, sino una brisa por la que hay que dejarse atravesar; y que la muerte no se disfraza con filtros. Elegir y saber con qué llenar los días, sabiendo que son pocos.

Esto ocurrió el pasado 28 de abril del 2025, cuando un apagón masivo dejó a millones de personas sin electricidad. Las zonas afectadas fueron España, Portugal y Francia. Durante más de doce horas en muchos lugares desapareció todo rastro de luz. Sin redes, luz artificial, sin dispositivos. En medio del caos, se dieron conversaciones verdaderas, la gente salió a la calle a reencontrarse. El mundo quedó a la disposición del silencio y un ritmo menos acelerado de vida. Una cotidianeidad desnuda, sin decoración ni capturas.

Irónicamente, una desconexión fue lo que nos hizo volver a conectar. En aquella oscuridad impuesta brilló, por unas horas, una forma más genuina de habitar el presente sin superficialidad. Un *carpe diem* real.

PLUTARCO, LA AMISTAD VERDADERA Y SU VERSIÓN FAKE EN TRES HISTORIAS

Aitana Gil & *Elisa López*

CÓMO DISTINGUIR A UN ADULADOR DE UN AMIGO

Querido Antíoco Filópapo, si bien Platón nos ha asegurado que todos están bien predispuestos a perdonar a quien se ama mucho a sí mismo, esta actitud, entre otros males, provoca el mayor de todos: nos imposibilita juzgar con imparcialidad nuestras propias acciones. «Ante lo que de verdad ama el amor se queda ciego», con una sola excepción: cuando el estudio nos ayuda a romper la costumbre de querer lo que nos es familiar y bien conocido, y nos predispone a estimar lo que es bueno por sí mismo. Así es como el adulador dispone de mucho territorio fértil donde sembrar sus espinas: sobre el amor que sentimos hacia nosotros mismos puede levantar el campamento base desde el que atacarnos. Pues al ser cada uno de nosotros el primer y mayor adulador de cada uno de nosotros, admitimos de muy buena gana a quien desde el exterior viene a sumarse con el testimonio de sus elogios a nuestras convicciones y anhelos. Aquel a quien se le acusa de dejarse seducir por los aduladores sin duda es el primero en quererse bien a sí mismo, y aliado a su benevolencia ya está convencido de antemano de disfrutar de todas las cualidades; y pese a que reconozco que un hombre puede tener muchísimas cualidades, no está de más recordar que se trata de una creencia arriesgada y que debemos administrar con mucha precaución. [...] el adulador no puede sino contravenir a cada paso la máxima según la cual lo propio del hombre es «conocerse a uno mismo»; pues el adulador, al inducir a los hombres a engañarse sobre su propia naturaleza, los sumerge en la ignorancia de cuáles son sus virtudes y defectos. Al actuar así está empujando a los hombres no solo a que se precipiten hacia la imperfección, sino que también impide que se corrijan.

(Sobre el inconveniente de tener muchos amigos, I.,
Plutarco)

amor: *del lat. amor, amōris.*

amistad: *del lat. amicitia, derivado de amāre*

1. Lo primero, la amistad

> *"Sobre el amor que sentimos hacia nosotros mismos [se] puede levantar el campamento base desde el que atacarnos".*

Supongo que debemos empezar por ese campamento base, por ese cuartel general que permanece oculto, aguardando el momento oportuno para salir de su escondite y atacarnos. El momento oportuno. ¿Cuál es ese momento? Ese instante en el que, aunque sea por un segundo, dejo de estar alerta. El momento exacto en el que me doy la vuelta e ignoro por completo el campo de batalla que ha nacido entre nosotras. El momento en el que me descuido y decido ir a la cocina a hacerme un té, sin percibir el asalto de infantería que ya avanza, hasta que es demasiado tarde. Tan tarde que ya no puedo proteger la retaguardia. Sin retirada posible. ¿Quién está al mando del escuadrón? ¿Quién diseña la táctica de combate? ¿Quién? El silencio atrincherado en mi garganta. El recuento de bajas. Fingir que no sangra. Fingir. Que no volverá a repetirse. Que no ha pasado nada. Que ya no exista la herida. Bandera blanca. Solo quiero beber mi té en paz. En este momento bebo té de vainilla. Y tú, ¿qué bebes? CAMBIO

Pues yo bebo un café con leche que, como sabes, engullo a velocidades inauditas. Pero bueno, sigamos escribiendo desde el otro lado del ordenador, en este documento *online* que vamos escribiendo juntas. Sobre el amor propio que nos ciega, sobre eso, se construye un arma que nos destruye. Debemos por lo tanto matar la mala hierba que es ese amor propio. Debemos permanecer alerta ante los elogios. Esos elogios a veces son las balas que nos disparan. Pero, ¿cómo ser amigo de alguien si no bajas la guardia? Puede que sea bajar la guardia lo que mejor define una amistad. No tener que fingir para conservar la armonía. Romper el silencio. Pero hay también que estar atento al amor propio. Que no invada todo. Bajar la guardia sin morir en el intento. Sincerarnos. Me cuesta muchas veces, ¿sabes? Supongo que me miento a mí misma y por eso te miento también a ti. ¿Podré mostrarte mi yo más sincero sin ahuyentarte? Bajar la guardia sin que luego te sueltes de mi mano. Es una definición de la amistad muy incompleta, pero creo que no hay que olvidarla. CAMBIO

Bajar la guardia. Abrirse a la posibilidad de que te hagan daño. Que la amistad empiece ahí. Sin saber a dónde. Sin saber hasta cuándo. El misterio. ¿Perdurará? Afirmativo. Pasa el tiempo y crece la costumbre. Perdurará. Al menos hasta ahora. Al menos mientras sigan pasando los años. Mientras que saltemos por encima de los pequeños baches del camino y escalemos los más grandes. Mientras que no nos soltemos. Incluso durante esas temporadas más secas o más fértiles, como dices tú. Esas temporadas de cuestionarse. Esas temporadas en las que se nos sale la pregunta de los ojos pero las palabras se esconden detrás de la lengua. En silencio para que no duela. Pero el silencio es un campo de minas. Esquivar la pregunta se vuelve cada vez más complicado. ¿Perdurará? Ya no solo por costumbre. ¿Hay algo más que un hábito aquí dentro? Porque si lo hay, entonces el silencio que se ha ido haciendo hueco cada vez que algo dolía no debería caber aquí. A ese silencio de la falsa cortesía deberíamos cargárnoslo. Dejar de fingir. Que sangre. Que yo sepa decirte que sangra y te deje verlo. Que me enseñes cómo sangras tú también. Para mí eso se acerca un poco más a la definición de amistad. CAMBIO

Sí, nos vamos acercando. Eso de cargarse la falsa cortesía asusta. Esa desnudez. Vernos a nosotros mismos y asumir nuestras debilidades. Asusta. Pero vencer el miedo es crucial, amiga mía. El miedo puede dominarnos si le dejamos. Puede mandar en las amistades, incluso. El miedo al abandono, al rechazo o a cómo reaccionará la otra. Miedo a hacer daño. La amistad. Un campo de batalla hecho a medida. Un ataque conjunto a la falsa cortesía. Un método para mantener a raya los defectos de uno, y ayudar al otro a florecer más y mejor. Suena bonito pero implica algunos conflictos. Toca apechugar. He oído decir que conflicto pospuesto es conflicto magnificado. Pues eso. El valor tiene que enfrentarse al miedo, aunque eso suponga entrar en conflicto con alguien a quien quieres… Eso sí que fortalece la amistad. Eso se acerca más todavía a la definición que estamos buscando. Buscando una definición como quien busca las gafas. Nosotras buscamos el sentido y nos buscamos mutuamente. A veces a oscuras. Pero tú me has animado siempre a que te enseñara mi miedo, siempre que no podía ver. Me has tendido la mano, me has sonreído. Tengo miedo ahora. De resultar bruta. Ese miedo me acompaña mucho. Pero temo más que muera la amistad con la mentira, por eso trato de no guardarme nunca nada. Pero me paso, claro. Perdóname. Mientras no nos soltemos perdurará el misterio, dices tú. Qué alivio sería saber que una amistad durará para siempre. CAMBIO

Miedo a hacer daño… Eso siempre. Pero hablas de sincerarnos. A mí también me gustaría ser más valiente. Tú siempre hablas y me dices lo que no quiero oír. Duele pero luego pasa. Yo suelo dejar que las palabras se escondan. Nunca las obligo a ir hasta ti. Eso también duele. Supongo que luego también pasa. Luego todo pasa. Lo cerramos y volvemos al mismo lugar. Siempre de vuelta al mismo lugar. Hasta aquí. Tú y yo. Sinceras. Sentadas en el mismo banco de piedra. Hablarnos. Cogernos de la mano de vez en cuando. Me fascinan las amigas que se cogen de la mano. Las amigas que se miran como si no hubiera nada más importante en el mundo. Me encantan tus manos. Y mirarte como si no importase nada más. ¿Tú también te ves en mis ojos? Cuando te miro, ¿tú también te ves reflejada en las pupilas de mis ojos? Sé que no puedes verte como te veo yo. Pero, ¿eres capaz de reconocerte en lo que miro? En mi forma de mirar. Porque tú también estás ahí. Y presiento que puedes verte reflejada en las pupilas de mis ojos igual que yo puedo verme reflejada en las pupilas de los tuyos. De hecho, tus pupilas son casi más cristalinas que un espejo. De hecho, mi reflejo tiene una forma distinta cuando estoy frente a tus pupilas que cuando estoy sola ante un espejo. No digo que sea más fácil reconocerme desde tus pupilas que desde las mías. De hecho, no siempre lo es. Por eso no digo "más fácil" sino "distinta". Muchas veces me encuentro con lo que no quiero ver. Con lo que no escondes. Con lo que preferiría evitar. Cuando me miro en el espejo yo sola tiendo a ver antes las heridas. Cuando me miro desde tus pupilas veo antes la espina que me he clavado yo solita. La espina que también soy. Supongo que es eso. Que me mires desde fuera sabiendo que me estás mirando por dentro. CAMBIO

Sería más fácil crear una falsa amistad con elogios. La amistad tiene un coste, entre el que está la honestidad. En tus palabras hay honestidad. Vale la pena ser honesto. Es la única forma de garantizar que seguiremos siendo complementarios aunque pase el tiempo y cambiemos. Pienso en lo que me has enseñado. La fortaleza segura en tu modo de estar, la fragilidad marmórea en tu mirada al confesar, la dulzura en tu sonrisa, la ternura de tu llanto. Te miro e intento verte. Intento cuidar la horizontalidad. Existe la idea de que en las relaciones es inevitable un cierto grado de verticalidad, que es utópico eso de estar al mismo nivel. Sentados en el mismo banco de piedra. Claro que existe la verticalidad y las pendientes, pero, para mí, la amistad consiste en romper esa pendiente, jugar al equilibrio conjunto, rompiendo la cortesía, como dices tú, que no hace más que sustituir a lo que verdaderamente acerca a las personas. No vale que una se suba de pie sobre el banco de piedra mientras que la otra se queda sentada. Que una mire desde arriba y la otra desde abajo al hablar. Ambas nos sentamos juntas en el banco. Me he propuesto ser tu amiga, ¿sabes? CAMBIO

Yo también. Amiga, espera. Me he perdido un poco. Necesito volver un momento a la cita del principio:

"Sobre el amor que sentimos hacia nosotros mismos [se] puede levantar el campamento base desde el que atacarnos".

Sobre el amor que sentimos hacia nosotros mismos. Que se nos destruye desde el amor a nosotros mismos. Hay que tener cuidado con dónde se pone el amor. Hemos hablado del amor hacia fuera, el amor hacia dentro, el amor que torna a uno vulnerable. Colocar el corazón por fuera, como Carlos Baute. *Cuidado, que mi corazón está colgando en tus manos.* Pero ahora, el amor hacia nosotros mismos. Que nos destruyan desde ahí. Evitarlo. Hay que averiguar cómo. CAMBIO Y CORTO

2. ¡Cuidado! El falso amigo: el adulador

¿Dónde nos habíamos quedado? Ah sí… el amor propio, a uno mismo. Que ese amor sea un punto débil. ¿Algo más?

"Aquel a quien se le acusa de dejarse seducir por los aduladores sin duda es el primero en quererse bien a sí mismo".

Vale.

Podrá parecer contradictorio, pero depositar tu vulnerabilidad en otro no te exime de ser alguien con exceso de amor propio.

Espera. Detente un momento, lector. ¿Cómo decirte esto? No te asustes, pero estoy a punto de coger un megáfono y gritar:

¡Cuidado! El adulador es una criatura peligrosa. Peligrosa porque no lo parece.

Aparenta ser amigo, pero no lo es.

¡Cuidado! Solo busca su propio beneficio.

Lo que sea. Estatus. Poder. O cualquier recurso que pueda sacar de ahí.

¡Cuidado! Se amoldará a ti por conveniencia.

Sonreirá. Te elogiará. No le creas. Es solo un disfraz.

¡Cuidado! Nunca va a ser sincero. Nunca va a llevarte la contraria.

Te alabará con falsedad. No quiere que te cuestiones nada. Es tu sombra.

¡Cuidado! Se ganará tu confianza.

La cultivará solo para hacerte creer que puedes contar con él.

¡Cuidado! Acabará mostrando su verdadera naturaleza.

La verás en el momento oportuno.

¡Cuidado! Se alimenta de todo lo que encuentra. De la inocencia o del orgullo del otro.

Egoísta. Manipulador. Caníbal.

Atento lector, voy a contarte una historia. Permanece al otro lado, por favor.

Cuidado con las niñas

Cueva secreta, 03.10.2013

Querida Hada Madrina,

Hoy es lunes. Te escribo desde el rincón más escondido del recreo, donde la pared de ladrillo en la que se puede escribir con la piedra mágica. Donde he escrito varias veces mi nombre. Detrás de una esquina. Aquí nadie me ve.

Ayer en clase teníamos que dibujar animales marinos. Lara se sentó conmigo y dibujamos unos elefantes marinos. Peces y cangrejos fosforitos. Luego creamos sus casas con plastilina amarilla. En el comedor, me invitó a sentarme con ella y sus amigas. Todas pertenecen al Club de la Luna. Así se llaman. En el autobús de vuelta a casa nos sentamos juntas y les pusimos nombres a los peces fosforitos. Quiero que seamos buenas amigas.

Dice que le gustan mis dibujos. Que quiere hacer más dibujos conmigo. Dice que soy muy buena por dejarle mis cosas. Que todos los de clase deberían ser tan buenos como yo.

Hoy quiero volver a sentarme con ella. Estoy pensando en enseñarle este rincón tan secreto desde el que escribo. A ver si le gusta. A ver si nos llega un poco de tu magia.

Le voy a enseñar la varita que me diste, las pócimas del suelo que hago con tierra, flores y agua. Me gustaría hacer pócimas con ella.

Te escribo pronto,

Camila

"En la medida que la amistad es la más agradable de las relaciones y no existe nada en el mundo que nos proporcione mayores satisfacciones, es comprensible que el adulador, en su afán por esconderse y pasar desapercibido bajo ese manto, sea capaz, para resultar convincente, de proporcionarnos placer y distracciones" (p. 15).

Mi cuarto, 04.10.2013

Querida Hada Madrina,

Hoy ha sido un día increíble. Lara ha venido a casa. Le he enseñado todos mis peluches. Dice que su favorito es Janfri el Elefante. Hemos puesto a todos encima de la cama para la clase de inglés. Lara y yo somos las profesoras. Hemos pasado lista. Les hemos enseñado el vocabulario de los animales. Janfri siempre tiene muchas preguntas. Al final les hemos puesto deberes para el próximo día. Para cuando vuelva Lara. A ver si viene pronto. Nunca había venido nadie a dar clase conmigo.

Mañana nos veremos en el cole. Me encanta pasar tiempo con ella. Siempre me dice cosas bonitas. Hoy me ha dicho que le gusta que sea tan generosa. Que ella también es muy generosa pero que en clase muy pocos lo aprecian, entonces a veces no quiere ser tan generosa con ellos. Pero dice que le gusta mucho que yo sea tan generosa. Que le gusta la gente como yo.

Te escribo pronto,

Camila

> *"La más perjudicial de las habilidades que esgrime todo adulador es su capacidad para imitar la franqueza, [...] pues así también los aduladores son capaces de reproducir un simulacro de franqueza muy convincente, pese a que si lo analizamos bien enseguida descubrimos que se trata de un trampantojo vacío, una especie de parpadeo que seduce al oyente con un leve cosquilleo" (pp. 15-16)".*

Mi cuarto, 06.10.2013

Querida Hada Madrina,

Todavía no me lo puedo creer. Ayer miércoles llevé a las del Club de la Luna a mi rincón secreto. Les expliqué cada parte, incluso les enseñé nuestra varita mágica. Parecían maravilladas y me preguntaban más y más. Querían saberlo todo. Me hizo tanta ilusión que me preguntaran que se lo conté todo. Les decía que no se lo podían contar a nadie, y ellas decían que iban a guardar el secreto. Se lo he contado todo. Pero, de repente, una de ellas ha pisado la pócima de margaritas, y otra ha roto la varita por la mitad. Le dije que no lo hiciera pero me dijo que solo era una rama, y se rió. Fue horrible. Miré a Lara y no dijo nada. Yo casi lloro, pero tampoco dije nada. Siguieron rompiendo las pócimas, arrancando las flores y borrando lo que había escrito en la pared con la piedra mágica. No me salían palabras. Ellas se reían. Luego se fueron y yo me quedé ahí, congelada. No puedo volver. No sé qué hacer. ¿Hablo con ella? Solo quiero que seamos amigas.

Te escribo pronto,

Camila

"[...] No es conveniente trabar amistad con aquellos que buscan con cierto interés ser nuestros amigos, ni cultivar la amistad con personas que acaban de entrar, de manera casual, en nuestra vida. Las cosas que obtenemos con demasiada facilidad, sin ningún esfuerzo, no suelen ser las mejores. La amistad que debemos trabar y cultivar es con aquellos hombres que tras una prolongada observación se revelan como dignos de ser nuestros amigos." (p.184)

Mi cuarto, 07.10.2013

Querida Hada Madrina,

Estoy llorando en mi cuarto. Ayer fui a hablar con las del Club de la Luna. Les pregunté por qué. Por qué se han reído. Por qué han roto mi varita y mi pócima de margaritas. No lo entiendo. Se lo pregunté. Se volvieron a reír. Lara me dijo que no podía ser su amiga. Que el Club de la Luna es un club privado. Después de contarles todo, me han traicionado.

Sola estoy más tranquila. No quiero llorar más. Pero lloro porque no puedo evitarlo. No puedo parar de llorar. Janfri llora conmigo.

Te escribo pronto,

Camila

> *"Es imprescindible poner al amigo a prueba antes de que de verdad necesitemos su ayuda, debemos actuar con ellos de manera análoga a como tasamos el valor de una moneda antes de que no nos quede otro remedio que gastarla. Es conveniente reconocer a los aduladores antes de que nos perjudiquen, de ahí la importancia de educarnos para descubrirlos en cuanto se nos acercan, solo así evitaremos que se revelen cuando el daño sea irremediable"* (p. 11).

Mi cuarto, 14.10.2013

Querida Hada Madrina,

Las veo reírse en los recreos, cuando nadie mira. Lara solo quería que le contara mis secretos. Confié en ella porque parecía mi amiga. Me pedía que pintáramos juntas, que le dejara mi plastilina y mis pegatinas. Me preguntó a dónde me iba sola tantas veces. Yo pensaba que podíamos ser hadas juntas. Le conté todo sobre el rincón secreto y sobre ti. Ahora me llaman duende mágico y se ríen. Dicen que mis orejas son de duende. Han roto todas mis pócimas mágicas.

Ayer en el baño, las escuché hablar de mí. Lara decía que hace varias semanas había visto que me iba mucho fuera. Quería ver a dónde me iba. Ahora me ha robado mi sitio. El sitio que había construido yo.

No quiero salir de mi cuarto. No quiero volver a creer que es mi amiga. Tampoco sé si quiero volver a ser un hada.

Puede que ya no te escriba más,

Camila

"Mi consejo es rodearnos de amigos que nos proporcionen alegrías y satisfacciones, pero que sean capaces de leernos la cartilla alguna vez, a poder ser sin aspereza ni ensañamiento, y que huyamos de aquellos que solo piensan en elogiar nuestro gusto por el placer y para ver si así prodigamos favores y regalos" (p. 27).

Mi cuarto, 20.10.2013

Querida Hada Madrina,

Dije que igual no te escribiría más, pero lo que hoy he visto no me lo puedo guardar. Lara y sus amigas han dejado de prestarme atención. A veces cuchichean un poco pero nada más. No como antes. Desde hace un tiempo, Lara se ha estado acercando a Javi. Es un chico de clase muy tímido, con gafitas. En los recreos siempre está jugando al fútbol con los de quinto C. Lara siempre está con él. En los baños las oigo hablar mucho de un balón de fútbol que tiene Javi. Firmado por Messi. Lo ha traído algún día al cole.

De un día para otro, Lara y Javi pasaban todo el tiempo juntos. Lara, que siempre ha criticado el fútbol, ha empezado a pasar recreos enteros apuntando los goles. Al final estaban juntos todo el rato. Pero hoy le he visto solo, sentado, llorando. Me he acercado a él y le he preguntado qué le pasaba. Me ha dicho que Lara le ha robado el balón. En ese momento sólo he podido pensar una cosa: Lara ha engañado a Javi igual que a mí. Pobre Javi.

Te escribo pronto,

Camila

> *"El adulador está condenado a cambiar de forma como lo hace el agua según el recipiente donde se la aloje. […] Si se aproxima a un estudioso, a un erudito, enseguida consigue rodearse de libros, y la barba le crece hasta los pies; para completar este disfraz no dudará en este caso ni un segundo en vestirse con un traje raído, ni tendrá el menor empacho en llenarse la boca con operaciones aritméticas y con los triángulos de Platón, cuestiones por las que nunca sintió antes el menor interés." (pp. 17-18).*

Ponme un café con leche. Sí. Otro. Y ponme también un té, pero esta vez que sea de menta. Si sigo con la vainilla me va a costar más digerir esto. Porque ojalá pudiera contarte otra cosa, lector. Ojalá pudiéramos dejar a dos hadas tirándose tranquilamente por el tobogán. ¡Fiiuuuu! Sin miedo. Pero al final de la bajada, ¡catacrash! En picado. Una ha caído de pie, pero la otra ha acabado en el suelo.

No pasa nada. Podemos volver y sentarnos juntas en el banco de piedra. Tú y yo. Dos hadas.

Ven, vamos a sentarnos.

3. Todos llevamos dentro un amigo y un adulador

"Cuando Platón se encontraba con ciudadanos que actuaban mal su primera reacción era mirar en su interior y preguntarse: «¿Me comporto yo como ellos?». (p. 91)

Alcalá de Henares. Día soleado, de los que escuecen en los ojos. Elisa y Aitana sentadas sobre el banco de piedra que les enfría el culo a pesar del calor. En mitad de la Plaza Cervantes. Han estado leyendo un fragmento del libro *Sobre el inconveniente de tener muchos amigos*. Están confusas. Se suponía, por lo que habían podido adelantar en el índice, que se hablaba del amigo y del adulador. El adulador es un ser despreciable, sin ningún atributo bueno. Hasta ahí, todo bien. Lo que no se esperaban, y lo que les ha llevado a pensar hasta cansarse, es que se ven reflejadas en la figura de adulador, casi más que en la del amigo.

AITANA: ¿Quieres dar un paseo?

ELISA: Vale…

Se levantan. Cruzan la plaza. Siguen pensando en lo que han leído. Sin necesidad de hablar giran a la izquierda en la Calle Mayor. Dejan a un lado el bar de confianza, al otro el sitio de las tortitas. Se adentran en esa calle.

ELISA: No entiendo. ¿Somos más aduladoras que amigas? *Sueña el rey que es rey, y vive con este engaño mandando.* Sueña el amigo que es amigo, y vive con este engaño adulando… ¿No?

AITANA: ¿Sabes en qué he pensado? Cuando en Toy Story alguien tira de la cuerda parlante de Woody y suena: *Hay un amigo en mí.* Pero luego tira otra vez y dice: *Hay una serpiente en mi bota.* Literalmente. Creo que sí. Lo que dices. Somos aduladoras.

(Resopla de calor). Un poco. Bastante. Pero no por maldad. Por miedo.

ELISA: A veces veo un fino límite entre ser malo y dejar que el miedo te domine. (Se rasca la frente con sudor). Pero tiene sentido que marques la diferencia. La soberbia nos impide reconocer nuestros defectos.

AITANA: (Sin entender del todo la respuesta de Elisa, prosigue) Por eso tenemos que digerir esos defectos desde antes. Mirarnos al espejo antes de salir de casa. Conocer cada rincón asqueroso desde dentro. Salir con menos miedo afuera. Menos miedo a que nos señalen. (Abre el libro, busca algo con el dedo. Lo encuentra.) Escucha esto:

> *"Si fuésemos capaces de estudiar con detenimiento y constancia nuestros errores y las principales debilidades de nuestro carácter podríamos mantener a raya los defectos y dominar los peores impulsos, siempre que contemos con amigos que en lugar de estar siempre bien dispuestos a elogiarnos y hablar bien de nosotros con motivo o sin él tengamos la suerte de disfrutar de un amigo que nos hable con sinceridad, y que cuando sea necesario nos señale lo que estamos haciendo mal y nos conmine a cambiar"* (p. 55).

ELISA: O sea que sí. Es necesario conocernos. *Nosce te ipsum*, como decía el oráculo de Delfos. (Se lo tiene que explicar a Aitana porque no tiene ni idea de quién es Delfos). Pero así como un buen amigo es quien ha estudiado sus propios defectos, evitando que dañen tanto su relación con los demás y que salpiquen de injusticia a sus seres queridos, es buen amigo quien critica a su amigo cuando es debido.

AITANA: Claro. Pero la sinceridad no es suficiente. No es solo la adulación, la sinceridad también puede ser cruel. No sólo por lo que se dice, sino por cómo y cuándo se dice. Mira esto (A Aitana la sinceridad le cuesta, por eso necesita agarrarse a esta frase):

"Conviene tener muy presente que no solo pueden erosionar el temperamento de un hombre quienes nos elogian sin ningún criterio ni realismo, sino también quienes nos critican a destiempo o sin el menor tacto. Estos amigos sinceros, de tan buenas intenciones como torpes de ejecución, con su forma de actuar nos debilitan indirectamente de manera que bajo su influjo es más sencillo que caigamos en las garras de un adulador malintencionado. Pues está inscrito en la naturaleza humana que en nuestro viaje por las aguas del tiempo prefiramos deslizarnos por tramos suaves y de aguas tibias, que por zonas heladas y sembradas de rocas (p. 55)".

ELISA: Sí, totalmente. Hay que cuidar mucho lo que se dice y saber interpretar qué momentos son los apropiados para decirlo. Y nunca hay que buscar estar por encima del otro cuando se le critica. La amistad es un descanso. Tiene que serlo. (Dice señalando la frase de "*descansar la mirada en los ojos de una persona amable*" (p. 63), que es una frase que le ha encantado). Es lo que dices tú: mucho está en cómo decides mirar. En la mirada honesta. Pero, honestamente, creo que un adulador no reflexiona sobre el hecho de que es un adulador.

AITANA: Ya. (*Menos mal*, piensa. Eso las aleja de personificar todo lo que conocen del adulador) Quiero pensar que ahora tú y yo somos un poco menos aduladoras y un poco más valientes.

(Se quedan calladas. La Calle Mayor bulle alrededor. El calor sigue siendo insoportable. Y sin embargo, se sienten un poco más livianas.)

APÉNDICE BIBLIOGRÁFICO

<u>Ediciones utilizadas para los textos de referencia</u>

1. Un paseo con Telémaco

   Odisea (Homero) Traducción de J. M. Pabón, Editorial Gredos (1993)

2. Qué hiciste Medea...

   Medea (Eurípides). Versión de Ramón Irigoyen, 1992. Editorial Penguin (2015)

3. Ismene. "Duelos que sí y duelos que no"

   Antígona (Sófocles). Traducción de J. M. Lucas de Dios en *Sófocles. Tragedias,* Editorial Gredos (1981).

4. Megila, el dildo y la lesbiana que confundió a toda Grecia

   Diálogo de las cortesanas (Luciano). Traducción de Juan Zaragoza en *Diálogos de los dioses, de los muertos marinos y de las cortesanas* de *Luciano de Samósata*. Editorial Alianza (1987; reimp. 2018)

5. A mi perro. Odisea XVII

   Odisea (Homero) Traducción de J. M. Pabón, Editorial Gredos (1993)

6. Heracles: honor y amor.

   Heracles (Eurípides) Traducción de José Luis Calvo en *Eurípides. Tragedias,* Editorial Gredos (1985)

7. ¿Ciencia ficción antes de la ciencia ficción? Parodia y paradoxa en los *Relatos Verídicos* de Luciano

   Relatos verídicos (Luciano de Samósata) Traducción de A. Espinosa Alarcón, Editorial Gredos (2010)

8. Helena más allá de Troya: del mito al grito

   Helena (Eurípides) Traducción de José Luis Navarro. Editorial Ediciones Clásicas (2005)

9. El sentimiento más feroz y poderoso otorgado por los dioses

   Carmen (poema) 60 (Catulo). Traducción de J. C. Fernández Corte y J. A. González Iglesias en *Poesías. Catulo;* editorial Cátedra (2006)

10. De los enredos de Eros

    Idilio II (Teócrito). Traducción de García Teijeiro, M. y Molinos Tejada, Mª T. en *Bucólicos griegos.* Editorial Gredos (1986)

11. Del plomo al oro

    El asno de oro (Apuleyo). Traducción de Lisardo Rubio Fernández, Editorial Gredos (1978)

12. El peso de las sombras: meditación con aquiles en los infiernos

>*Odisea (Homero).* Traducción de Carlos García Gual. Editorial Alianza (2005)

13. Horacio y la mentira del Carpe Diem.

>*Oda XI* de Horacio. Traducción (inédita hasta ahora) de Marina Solís de Ovando (2025)

14. Plutarco, la amistad verdadera y su versión *fake* en tres historias.

>*Sobre el inconveniente de tener muchos amigos.* Traducción de Gonzalo Torné. Editorial Ariel (2023)

REFERENCIAS BIBLIOGRÁFICAS ESPECÍFICAS

A continuación se señalan las referencias concretas de aquellos capítulos en los que las autoras o autores han escogido apoyarse en un fondo bibliográfico académico o literario para desarrollar las ideas del capítulo. En algunas ocasiones, estas referencias están ya señaladas en notas al pie de página del capítulo, pero nos ha parecido interesante recogerlas en este último apartado igualmente para una mayor claridad. Las referencias que, creemos, se explican por sí mismas (por su brevedad, por la concreción de la cita, por tratarse de productos socioculturales —tales como las publicaciones en redes sociales— complejísimos de rastrear o de citar de modo sistemático) no se recogen.

Como bien avisamos al principio (y habrá notado el atento lector si ha llegado hasta aquí), no todos los capítulos tienen este formato ni se han apoyado en tantas referencias específicas; por esta razón, tan solo se encontrará aquí el apunte de aquellas que sí se han utilizado (al menos conscientemente) y para los episodios en los que se han empleado.

Un paseo con Telémaco

- Kavafis, *Poemas*, Traducción de J.A. Méndez. Ediciones Hiperión (1999)
- Recalcati, M. *El complejo de Telémaco: Padres e hijos después del ocaso del progenitor,* Editorial Anagrama (2014)
- Seferis, Y. *Diarios de cubierta.* Vol. 3 (1954)

Qué hiciste Medea...

- Rose, R.S. "Mujeres míticas: la Medea infanticida". Bitarte: *Revista Cuatrimestral De Humanidades,* 19, pp. 5–23 (1999)
- Gras, J.Z. "Raptes i matrimonis" en *Gynaikes, Mulieres: mirades sobre la dona a Grècia i a Roma.* Arola Editors (2012)

Ismene. *"Duelos que sí y duelos que no"*

- Conti, L., "Estilo Comunicativo en el prólogo de 'Antígona'. La interacción entre Antígona e Ismene", *Veleia*, N.º 39, pp. 53-64, 2022
- Federicci, S., en *El patriarcado del salario. Críticas feministas al marxismo* Editorial Traficantes de Sueños, 2018
- Bergman, C. y Montgomery, N., *Militancia Alegre. Tejer resistencias, florecer en tiempos tóxicos.* Editorial Traficantes de Sueños (2023)
- De Prada García, A. "Las cabezas de la justicia: ¿"Antigona-Ismena"?, ¿"Antigona e Ismena"?, ¿"Antigona"?, ¿"Ismena"?...", *Isegoría*, N.º 57, pp. 413-431, 2017

- Hahnemann, C. "Broken Sisterhood: The Relationship between Antigone and Ismene in Sophocles' Antigone", *Scripta Classica Israelica*, vol. XXXVIII, pp. 1-16., 2019

A mi perro. Odisea XVII

- *Fábulas. Esopo.* Traducción de A. Sánchez Pacheco. Editorial Gredos (1985)
- *Ilíada. Homero.* Traducción de E. Crespo. Editorial Gredos (1991)
- *Espectáculos. Marcial.* Edición de Víctor Suárez Capalleja (1845-1904) transcrita, modernizada, etc., por Francisco Javier Álvarez Comesaña para *AcademiaLatin.com*
- *Historia natural (libros VII-XI). Plinio el viejo.* Traducción Del Barrio Sanz, García Arribas, Moure Casas, A., Hernández Miguel, L. A., Arribas Hernáez, M. L. Editorial Gredos (2003)
- Agudo Villanueva, M., "Sacrificios caninos en las jándicas: una hipótesis sobre el culto a enodia en el ejército macedonio" en *GLADIUS. Estudios sobre armas antiguas, arte militar y vida cultural en oriente y occidente;* XXXVI (2016) pp. 59-76
- Girola, L., "Imaginarios animales. Perros y gatos en las sociedades antiguas de occidente" en *Imagonautas: revista Interdisciplinaria sobre imaginarios sociales,* vol. 9, N°. 13 (2019), pp. 59-77
- Kobayashi, M. A., "Representaciones e imaginarios perrunos: desde Grecia hasta la conquista de américa" en *Universum*, 26 (2) (2011), pp. 11-46

- Paso Rodríguez, C. "Homines et canes: el vínculo entre el ser humano y el perro en la obra de Marcial y Juvenal" en EPOS, XXVIII (2012) pp. 25-36
- Picklesimer, M. L., "La doble función del perro Argos en la Odisea", *Florentia Iliberritana*, (8), pp. 401–419
- Sánchez Alguacil, J. "Supplicia canum: un ritual ceremonial inspirado en la defensa del Capitolio contra los galos en 390 a. C" en *Cuadernos De Arqueología De La Universidad De Navarra*, 33 (2005), pp. 29-50
- Urrego Luzano, F. J. & Rivera, J. F., "Perros platónicos. Una lectura de la imagen del perro en La República" en EPISTEME, Vol. 12, N.º 1 (enero-junio 2020) pp. 65-72

¿Ciencia ficción antes de la ciencia ficción? Parodia y paradoxa en los relatos verídicos de luciano

- Valentina Popescu, "Lucian's True Stories: Paradoxography and False Discourse". In *The Ancient Novel and the Frontiers of Genre,* edited by Marília P. Futre Pinheiro, Gareth Schmeling, and Edmund P. Cueva, 39–58. Ancient Narrative Supplements 18. Eelde: Barkhuis (2014)
- Gallego, Eduardo; Sánchez, Guillem., «¿Qué es la ciencia ficción?», https://www.ciencia-ficcion.com/opinion/op00842.htm (última consulta: 30/05/2025) (2003)
- Homero. Ilíada Traducción de E. Crespo. Editorial Gredos (1991)

- Adrados, F. R. (2013). *El cuento erótico griego, latino e in Vdio*. Editorial Ariel.
- Benítez Rodríguez, E. (2007). Sabino PEREA YÉBENES (coord.), *Erótica antigua. Sexualidad y erotismo en Grecia y Roma. Monografías y Estudios de Antigüedad Griega y Romana*. Madrid: Signifer Libros, 2007
- Castro, L. C. S. (2009). Iriarte, Ana, y Marta González. "Entre Ares y Afrodita: violencia del erotismo y erótica de la violencia en la Grecia Antigua. Madrid: Abada Editores", 2008. Literatura: teoría, historia, crítica, (11), pp. 528-532
- Férez, J. A. L. (1989). *Literatura griega*. Cátedra.
- Grimal, P. (1979) *Diccionario de mitología griega y romana* (pp. 171-172, Eros), Paidos.
- Hernández, M. M. (2012). "Los discursos eróticos en la literatura griega". Fortunatae, (23), pp. 47-60
- Montiel, J. F. M., & Medina, M. F. F. (2009). "Bibliotheca erotica graeca et latina. Erotismo y sexualidad en la Antigüedad clásica: ensayo de un repertorio bibliográfico" (IV.M Clasificación temática, 8). Analecta Malacitana (AnMal electrónica), (27), pp. 253-294
- Royo, A. S. (2000). *La retórica en la literatura amorosa griega. Consideraciones en torno al amor en la literatura de la Grecia Antigua*, (45), 79
- Rutherford, R. (1991). *Classical literature: a concise history*. John Wiley & Sons.

- Viana, J. (2023) "Eros en la literatura griega. Madrid, Ediciones Clásicas", 2020, 910 pp. *Revista de Estudios Clásicos*, (55), pp. 1-9
- Vioque, G. G. (2004). "La invocación a la luna como motivo erótico en la literatura griega y latina". Myrtia, 19, pp. 115-130

AGRADECIMIENTOS

Queremos agradecerle, en primer lugar, a nuestra profesora Marina la posibilidad de realizar un proyecto como este, por creer en nosotros, acompañarnos y guiarnos en esta aventura. Aunque hemos de decir que, para aventuras, las que nos hace vivir en sus asignaturas donde el aula se convierte en un espacio de reflexión e intercambio de conocimientos, donde todos hemos crecido como personas y hemos cultivado nuestras mentes. Marina, alimentas nuestra curiosidad: si la humanidad te tuviese como amiga se reconciliaría consigo misma y se reiría mucho, muchísimo.

Agradecer a todas nuestras familias que nos dan la mano y nos acompañan en este camino que es la vida, apoyándonos y compartiéndonos su sabiduría día a día. A nuestros amigos, mascotas y parejas por servirnos de inspiración, por regalarnos palabras y por apoyarnos siempre, incondicionalmente, y a esas personas de paso, que han dejado huellas imborrables en nuestras ideas. A todos los profesores predecesores que despertaron nuestro gusto por lo antiguo, que nos dieron lecciones de vida y a aquellos que ya no están, pero que lo que nos han dejado, es para siempre. Agradecer a las amistades que surgieron en el aula de Literatura y pensamiento clásico, entre nosotros, por ser nuestro gran apoyo durante este proyecto, por todo lo que nos hemos enseñado mutuamente, por compartir penas y alegrías ya que la escritura, a veces tan solitaria, brilla de manera distinta cuando se abre al proceso colectivo.

Y, por último, agradecer a todo aquel que lea esto el humanismo compartido, por mantener estas disciplinas vivas, que son las que nos hacen ser quienes somos. Gracias a que seguís apoyando cosas como estas, hacemos que las Humanidades estén un poquito menos en crisis. Y a aquellos que siguen desprestigiando estas disciplinas, gracias por seguir motivando nuestras ganas de seguir demostrando lo contrario.

* * *

ALCALÁ DE HENARES
JUNIO, 2025